KB262850

РАЗГОВОРНЫЙ КУРС КОРЕЙСКОГО ЯЗЫКА ДЛЯ НАЧИНАЮЩИХ

Author Jung-sup, Kim▪Hyun-yong, Cho▪Jung-hee, Lee

본 저서는 교육인적자원부 2005년도 외국인 유학생 유치
촉진을 위한 한국어 연수 프로그램 지원 사업의 성과물임.

Предисловие

Еще несколько лет назад, многие иностранцы не знали о Южной Корее. Но после Сеульских Олимпийских Игр и Кубка мира, Южная Корея получила широкое всемирное признание. С возросшим интересом к Южной Корее появилось больше иностранцев, желающих посетить эту страну. Стало не редкостью в наши дни увидеть иностранцев, свободно гуляющих по улицам Южной Кореи и путешествующих по стране.

Однако нелегко найти иностранцев, изучающих корейский язык и говорящих на нем. Может это связано с коротким пребыванием в Южной Корее, из-за чего многие иностранцы считают, что его не стоит тратить на изучение языка. В некоторой степени, еще одной причиной является нежелание иностранцев браться за столь сложный язык. Однако корейский язык не так несложен для изучения. Часто можно встретить иностранцев, проживших менее года в Корее и, бегло говорящих по-корейски.

Когда Вы, посещая зарубежную страну, хотите встречаться и свободно общаться с местными жителями, Вам необходимо уметь выразить свой интерес и желание к общению. По-настоящему научиться говорить на языке той или иной нации, можно имея огромный интерес к изучению самой страны. Южнокорейцы дружелюбны к иностранцам, посещающим Южную Корею и изучившим несколько элементарных фраз на корейском, таких как приветствие, умение представиться. Поэтому мы рекомендуем всем иностранцам, посещающим Южную Корею изучить основной, необходимый в повседневной жизни корейский язык.

Эта книга была написана совместно с иностранцами с целью изложить легкие и доступные выражения на корейском языке. Мы попытались осмыслить все ситуации и обстоятельства, с которыми иностранцы могут столкнуться в Южной Корее и выделить особенно часто используемые и необходимые выражения. Также эта книга включает информацию, отвечающую на наиболее интересующие вопросы о корейской культуре, которая помогает иностранцам понять Корею.

Мы надеемся, что с помощью этой книги читатели смогут поближе познакомится с Кореей. Язык – это средство, помогающее людям стать ближе и разрушающее преграды. Мы надеемся, что читатели смогут использовать язык таким образом, чтобы сделать свои короткие пребывания в Южной Корее более интересными и имеющими смысл. Эта книга создана для иностранцев, которые посещают страну на небольшой срок. Мы бы хотели поблагодарить Агенство KOICA за воодушевление к написанию данной книги.

Jung-sup, Kim

Hyun-yong, Cho

Jung-hee, Lee

Contents 차례
Содержание

III. Выражения и диалоги.

I. Введение.

1. О корейском языке. Хангыль.

2. Король Сечжонг.

3. Особенности корейского алфавита.

4. Согласные и гласные звуки Корейского языка.

1 | О корейском языке. Хангыль.

Корейский язык — один из самых распространенных языков в мире. В настоящее время на нем говорят примерно 45 млн. человек в Южной Корее и 25 млн. — в Северной. Около 6 млн. корейцев проживают в Китае, Америке, Японии и в странах СНГ, и многие из них говорят на корейском языке.

С научной точки зрения, корейский язык принадлежит к алтайской языковой семье. Такие языки, как монгольский, манчжурский, японский и др. также относятся к вышеупомянутой языковой семье.

Что касается Южной Кореи, современный язык, на котором говорят образованные люди, живущие в Сеуле, считается

стандартным языком; а официальный язык в Северной Корее
— пхеньянский. После Второй Мировой Войны произошло
разделение Северной и Южной Кореи, и по прошествии 50
лет они остаются разделенными. Различия в языке были
вызваны идеологическими разногласиями, однако это не
вызывает затруднений в общении. Кроме того, по итогам
встречи на высшем уровне в 2000 году между президентом
Ким Дэ Чжуном и Севернокорейским лидером Ким Чен Иром,
ожидается, что языковые различия между Южной и Северной
Кореей скоро исчезнут. Число иностранцев, желающих
изучать корейский язык стало быстро увеличиваться, после
Олимпийских Игр 1988 года.

2 | Король Сечжонг.

Король Сечжонг был четвертым правителем в династии Чосон (1392-1910). Считается, что король Сечжонг был самым выдающимся королем в истории Кореи. Он был прекрасным лингвистом и известно, что он обладал исключительными знаниями в фонологии.

В свое время он критиковал использование только китайских иероглифов и изобрел Хунминчжоним, фонетические символы, которые гармонируют с буквами в корейском языке. Хунминчжоним означает правильное звучание, которое обучает людей. Позже название было изменено на «хангыль», что означает «великий язык», и сохраняется по сей день. Очень удобно изучать корейский язык, с помощью этой системы фонетических символов, состоящих из 14 согласных и 10 гласных. ЮНЕСКО обратила внимание на удобство в изучении корейского языка и присудила награду короля Сечжонга людям, которые усердно работали над искоренением безграмотности.

У вас будет много возможностей услышать о короле Сечжонге в Корее. 9 октября считается Днем корейского алфавита, напоминающим людям об изобретении корейской письменности. Также Вы можете увидеть портрет короля Сечжонга на десятитысячной купюре корейских вон.

3 | Особенности корейского алфавита.

Считается, что согласные корейского языка были созданы по форме губ.

Основные гласные буквы « · , ㅡ, ㅣ » символизируют небо/солнце, землю и человека. Гласные звуки были созданы путем объединения этих трех знаков. Что удивительно, самая главная характеристика корейского языка - гармония гласных - отразилась в форме букв. Корейский язык включает гласные (светлые гласные), которые придают светлость и легкость в ощущении; и другие гласные (темные гласные), которые придают темный и тяжелый оттенок. Король Сэчжон воплотил эти ощущения в буквы. Другими словами, « ㅏ » - светлая гласная, которая символизирует солнце, восходящее на Востоке, и « ㅓ » темная гласная, символизирующая солнце, заходящее на западе. Также «ㅗ» — светлая гласная обозначающая солнце, находящееся над землей, и «ㅜ» — темная гласная, обозначающая солнце, находящееся за горизонтом. К этим буквам присоединяется «и» и получаются звуки « ㅑ, ㅕ, ㅛ, ㅠ». Можно сказать, что эта система гласных, действительно, соответствует характеру корейского языка.

4 | Согласные и гласные звуки Корейского языка

1. Как был создан Хангыль?

Основу корейских гласных и согласных составляют " ·, ㅡ, ㅣ", которые обозначают «солнце, землю и человека». Гласные звуки создавались путем смешивания трёх знаков. Удивительным является то, что самые основные буквы корейского языка выражаются через данное сочетание. Король Сечжонг создал эффект изображения светлых и темных картин с помощью данных фигур.

А именно, гласный звук «ㅏ», который отображает восходящее солнце на Востоке, представляет собой светлую картину; «ㅓ» - отображает заход солнца на Западе, темная картина; «ㅗ» - солнце восходящее над горизонтом, светлое, и «ㅜ» - солнце под горизонтом, темное. Из этих основных гласных звуков произошли гласные со звучанием «и»: «ㅑ, ㅕ, ㅛ, ㅠ».

В корейском языке основные слоги образуются при соединении гласных с согласными. Также есть слоги и слова, образуемые только гласными, и слоги и слова, формируемые путем соединения: согласный + гласный + согласный.

1) гласный		2) согласный+гласный		3) согласный+гласный+согласный(патчим)	
아	오	차	소	책	닭

2. Давайте поучим Хангыль!

(1) Гласные - Одиночный гласный звук

Гласный	Произношение	Способ написания	Упражнение						
ㅏ [a]	a	아 [a]	아						
ㅑ [ya]	ya	야 [ya]	야						
ㅓ [eo]	eo	어 [eo]	어						
ㅕ [yeo]	yeo	여 [yeo]	여						
ㅣ [i]	i	이 [i]	이						
ㅐ [ae]	ae	애 [ae]	애						
ㅔ [e]	e	에 [e]	에						
ㅒ [yae]	yae	얘 [yae]	얘						
ㅖ [ye]	ye	예 [ye]	예						

(2) Основные согласные

Соглас-ный	Произношение	Слог	Упражнение								
			ㅏ	ㅑ	ㅓ	ㅕ	ㅣ	ㅐ	ㅔ	ㅒ	ㅖ
ㄱ [g, k]	g, k	가 [ka]	가								
ㄴ [n]	N	나 [na]		냐							
ㄷ [d, t]	d, t	다 [ta]			더						
ㄹ [r, l]	r, l	라 [la]				려					
ㅁ [m]	m	마 [ma]					미				
ㅂ [b, p]	b, p	바 [pa]						배			
ㅅ [s]	s	사 [sa]							세		
ㅇ [ng]	ng	아 [a]								애	
ㅈ [j]	j	자 [ja]									제
ㅊ [ch]	ch	차 [ch]								채	
ㅋ [k]	k	카 [ka]							케		
ㅌ [t]	t	타 [ta]						태			
ㅍ [p]	p	파 [pa]					피				
ㅎ [h]	h	하 [ha]				혀					

(3) Гласные (2)- Соединение согласного и гласного

Гласный			Упражнение													
			ㄱ	ㄴ	ㄷ	ㄹ	ㅁ	ㅂ	ㅅ	ㅇ	ㅈ	ㅊ	ㅋ	ㄷ	ㅍ	ㅎ
ㅗ [o]	o	오 [o]	고													
ㅛ [yo]	yo	요 [yo]								요						
ㅜ [u]	u	우 [u]				루										
ㅠ [yu]	yu	유 [yu]										쥬				
ㅡ [ui]	eu	으 [eu]														흐

(4) Двойные согласные

Гласный			Упражнение													
			ㄱ	ㄴ	ㄷ	ㄹ	ㅁ	ㅂ	ㅅ	ㅇ	ㅈ	ㅊ	ㅋ	ㄷ	ㅍ	ㅎ
ㅘ [o]	wa	와 [wa]	과													
ㅝ [yo]	wo	워 [wo]						뭐								
ㅙ [u]	wae	왜 [wae]			돼											
ㅞ [yu]	we	웨 [we]								웨						
ㅚ [ui]	oe	외 [oe]														회
ㅟ [wi]	wi	위 [wi]										쥐				
ㅢ [ui]	ui	의 [ui]								의						

(5) Двойные согласные

Согласный	Произн-ошение	Способ написания	Упражнение								
			ㅏ	ㅓ	ㅗ	ㅜ	ㅣ	ㅐ	ㅔ	ㅚ	ㅟ
ㄲ [kk]	kk	까 [kka]	까								
ㄸ [tt]	tt	따 [tta]		떠							
ㅃ [pp]	pp	빠 [ppa]			뽀						
ㅆ [ss]	ss	싸 [ssa]				쑤					
ㅉ [jj]	jj	짜 [jja]					찌				

(6) Способ чтения звуков и написание букв

Слова	Упражнение						
거리 (улица)	거리						
나무 (дерево)	나무						
노트 (тетрадь)	노트						
누나 (сестра)	누나						
다리 (мост)	다리						
바다 (море)	바다						
바빠요 (быть занятым)	바빠요						
바지 (брюки)	바지						
버스 (автобус)	버스						
비 (дождь)	비						

Слова	Упражнение					
비디오 (видео)	비디오					
비싸요 (дорогой (о цене))	비싸요					
시계 (часы)	시계					
싸요 (дешевый (о цене))	싸요					
쓰레기 (мусор)	쓰레기					
아빠 (папа)	아빠					
아이 (малыш, ребенок)	아이					
야구 (бейсбол)	야구					
어머니 (мать)	어머니					
여자 (женщина)	여자					
오이 (огурец)	오이					
우유 (молоко)	우유					
이 (этот)	이					
이유 (причина)	이유					
카메라 (камера)	카메라					

(7) Подстрочные согласные графемы в слоге

Подстрочные согласные графемы в слоге		Слово
ㄱ, ㄲ, ㅋ	-k	학교 (школа), 책상 (письменный стол), 부엌 (кухня), 밖 (вне, кроме)
ㄴ	-n	인사 (приветствие), 반 (группа, класс), 한국어 (корейский язык)
ㄷ, ㅅ, ㅆ, ㅈ, ㅊ, ㅌ, ㅎ	-t	닫다 (закрыть), 끝 (конец), 옷 (одежда), 있다 (есть, иметься), 늦다 (поздний), 꽃 (цветок), 히읗 (название буквы ㅎ)
ㄹ	-l	교실 (аудитория), 칠판 (классная доска), 겨울 (зима), 가을 (осень)
ㅁ	-m	봄 (весна), 여름 (лето), 이름 (имя), 엄마 (мама, мамочка), 김치 (кимчхи)
ㅂ	-p	비빔밥 (сваренный на пару рис, приправленный овощами), 옆 (бок, боковая сторона), 앞 (перед, передняя часть)
ㅇ	-ng	가방 (сумка), 화장 (туалет, косметика), 운동장 (стадион, спортплощадка)

(8) Двойные подстрочные согласные графемы в слоге

Подстрочные согласные графемы в слоге	Характерные звуки	Произношение
ㄺ	ㄹ	읽고[ilkko] (илькко)
	ㄱ	읽다[iktta] (икта)
ㄼ	ㄹ	넓다[neoltta] (нольта)
	ㅂ	밟다[bapptta] (папта)
ㅄ	ㅂ	값[gap] (кап)
ㄵ	ㄴ	앉다[antta] (анта)
ㅀ	ㄹ	싫다[siltta] (щильтха)
ㄶ	ㄴ	않다[antta] (антха)

(9) Упражнения на чтение и написание

Слово	Упражнение			
가방 (сумка)				
값 (цена)				
괜찮아요 (ничего, нормально)				
귀 (ухо)				
김치 (кимчхи)				
꽃 (цветок)				
끝 (конец)				
늦다 (опаздывать)				

Слово	Упражнение			
닫다 (закрыть)				
닭 (курица)				
도서관 (библиотека)				
러시아 (Россия)				
많아요 (много)				
문 (дверь)				
밖 (вне, кроме)				
부엌 (кухня)				
비빔밥 (сваренный на пару рис, приправленный мясом и овощами)				
수업 (урок)				
싫어요 (неприятный, не хотеть)				
앉아요 (сидеть, садиться)				
앞 (перед, передняя часть)				
엄마 (мама, мамочка)				

Слово	Упражнение			
없어요 (не быть, отсутствовать)				
옆 (бок,боковая сторона)				
오른쪽 (справа, правая сторона)				
옷 (одежда)				
왼쪽 (слева, левая сторона)				
우체국 (почта)				
은행 (банк)				
의자 (стул)				
이름 (имя)				
인사 (приветствие)				
읽어요 (читать)				
있다 (есть, иметься)				
좋아요 (хороший)				
지하철 (метро)				
창문 (окно)				
책상 (письменный стол)				
천원 (источник)				
택시 (такси)				

Слово	Упражнение			
텔레비전 (телевизор)				
학교 (школа)				
한국어 (корейский язык)				
호텔 (отель)				
화장실 (туалет, уборная)				
히읗 (название буквы ㅎ)				

1 | Праздники в Корее
한국의 명절

Самыми важными праздниками в Корее считаются Новый год и Праздник урожая. Новый год празднуется 1 января по лунному календарю. В этот день люди одевают традиционную корейскую одежду, которая называется Ханбок и хорошо проводят время в кругу семьи. Люди считают, что съев суп с рисовыми клецками, человек становится старше на год (т.е. «съедает» один год). Молодые делают глубокий поклон старшим в доме и при этом говорят: "새해 복 많이 받으세요." Что означает «Желаю получить много счастья в Новом году. С Новым годом!»

Праздник урожая празднуется 15 августа по лунному календарю. В этот день готовится много рисового хлеба, а также едят много фруктов. Некоторые семьи собираются вместе и лепят Сонгпхён. Считается, что если Вы слепите красивый Сонгпхён, у Вас родится красивая дочь. Луна в эту ночь полна и красива.

Люди соблюдают мемориальные традиции, посещая могилы своих предков. Эта традиция соблюдается уже на протяжении долгого времени.

2 | Корейский язык жестов. 한국인의 몸짓 언어

Люди иногда выражают свои мысли не словами, а жестами. Жесты различны в каждой стране, из-за чего иногда возникают недоразумения.

Например, корейцы машут рукой вперед-назад, подразумевая «Иди сюда». В случае, если ладонь направлена вверх, люди могут оскорбиться — так подзывают животных. В некоторых странах, когда тыльная сторона руки наверху означает «Иди». Бывают случаи, когда иностранцы уходили в обратном направлении тогда, когда корейцы жестикулировали им: «Идите сюда».

Когда корейцы при разговоре показывают указательный палец, это значит число один. Большой палец используется, чтобы показать: «Класс!, Хорошо!, Окей!». При счете корейцы начинают считать с большого пальца. Когда дают обещание друг другу, держатся за мизинцы друг друга.

3 Традиционная корейская красавица.
한국의 전통적 미인

Кто считается в Корее красавицей в наше время? Она должна быть высокой, иметь маленькое лицо, двойные веки и большие глаза. Тогда, как насчет традиционной красоты в Корее? Вы считаете она была подобна красоте современности? Это не так.

Люди в прежние времена не любили высоких и стройных женщин. Они любили немного полных, нежеле худых, потому что считали, что полноватые женщины обладают счастьем. А также считалось, что люди с большими глазами являются трусами. Конечно душа намного важнее внешности, и люди полагают, что человек с добрым сердцем являет собой настоящую красоту.

4 Музеи в Сеуле.
서울의 박물관

В Сеуле много интересных музеев. Некоторые из них расположены рядом со станциями метро. Национальный Музей Кореи находится рядом с Дворцом Кёнбок. Это 5 выход на станции метро Кёнбоккун по третьей линии. На станции Самсунг в здании комплекса COEX есть музей Кимчхи. Здесь представлены самые разные виды Кимчхи, отличающиеся по районам его изготовления и входяшим ингридиентам. Вы можете даже попробовать Кимчхи всевозможных видов. Детский музей Самсунг также находится так, чтобы было удобно пойти туда вместе с детьми. Музей Науки LG расположенный около станции Ёинару по пятой линии, это музей, где вы можете встретить мир науки.

Вы также можете увидеть много интересного в музее Дипломатии, который расположен на станции Яндже.

Основные музеи Сеула :

Королевский музей (궁중유물전시관)

www.royalmuseum.go.kr

Сеульский музей истории (서울역사박물관)

www.museum.seoul.kr

Корейская народная деревня (한국민속촌)

www.koreanfolk.co.kr

Национальный народный музей Кореи (국립민속박물관)

www.nfm.go.kr

Сеульский Олимпийский Музей (서울올림픽기념관)

www.Seoulolympicmuseum.com

5 | Самульнори.
사물놀이

Самульнори – это игра на ударных инструментах, в состав которой входят: Сой (Квенгвари, маленький гонг), Чанго (барабан, имеющий форму песочных часов), Чин (гонг) и Бук (барабан).

Среди этих четырех инструментов, Сой и Чин изготовляются из металла, а Чанго и Бук делаются из кожи. Звук металлических инструментов отличается от звука инструментов, изготовленных из кожи. Металлические инструменты создают сильный звук, в то время как инструменты, сделанные из кожи издают мягкое звучание.

Сой лидирует среди других инструментов, а Чин охватывает звучание всех остальных. Чанго соблюдает короткий ритм, а Бук играет вспомогательную роль Чанго. Все инструменты имеют «прозвища»: Сой – «облако», Чин – «дождь», Чанго – «ветер», и Бук – «освещение». Все названия происходят от названий природных явлений. Звуки всех четырех инструментов также подобны звукам природы. Таким образом, можно представить, что звуки этих четырех инструментов – это звуки природы или звуки вселенной.

6 | Корейская семья.
한국의 가족

Когда вы спрашиваете у корейцев: «Сколько членов в вашей семье?», они не могут ответить на этот вопрос просто. Это происходит потому, что они не уверены стоит ли включать только людей, живущих с ними в одном доме, или нет. Женатые люди полагают, что люди, живущие с ними в их доме – члены семьи. Например, когда они живут с родителями, они включают их в члены семьи. В противоположном случае - они не включают родителей в свою семью. Но даже в этом случае, они говорят: "Хотя мы не живем вместе, есть родители, сестры и братья и так далее".

Они говорят так, потому что полагают, что круг семьи очень большой. Корейцы зачастую говорят такие фразы, как: «Они были так добры к нам. Они относились к нам, как к членам семьи». Когда корейцы представляют близких, друзей или людей кому - то, они стараются представить их как свою семью. Это говорит о близости отношений и о большом круге семьи. Поэтому, зачастую, в некоторых компаниях сотрудников называют членами семьи.

III. Выражения и диалоги.

1. Приветствие. 인사하기

2. Представление. 자기 소개하기

3. Вопрос-ответ. 질문과 대답하기

4. Транспорт и ориентация по местности.
   교통수단과 길 찾기

5. Достопримечательности и поход по магазинам.
   관광과 쇼핑하기

6. Разговор по телефону, почта.
   전화와 우편 이용하기

7. В ресторане. 식당 이용하기

8. Проблемы со здоровьем. 건강과 질병

9. Другое. 기타

1

Приветствие.
인사하기

1 Здравствуйте.. Очень рад.
안녕하세요? 반갑습니다.

2 До свидания.
안녕히 가세요. / 안녕히 계세요.

3 Приятно познакомиться.
처음 뵙겠습니다.

4 Спасибо.
감사합니다. / 고맙습니다.

5 Спокойной ночи.
안녕히 주무세요.

1 | Здравствуйте. Очень рад.
안녕하세요? 반갑습니다.

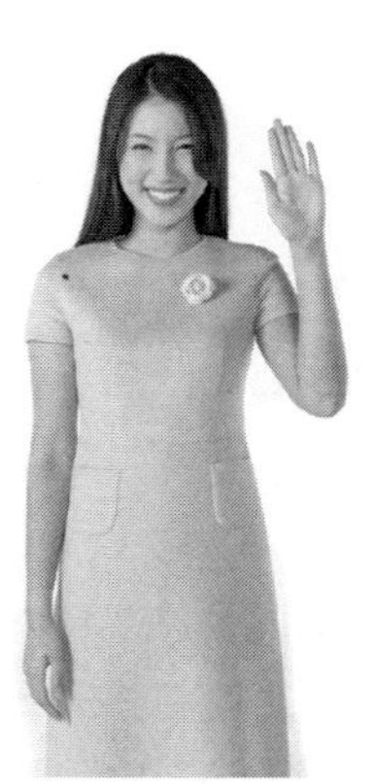

Kорейское приветствие "안녕하세요?" [аннёнхасэё?] может быть использовано практически в любой ситуации. В корейском языке нет разницы между утренним, дневным и вечерним приветствием, а также его можно использовать как при первой встрече, так и впоследствии. Также можно использовать слово "안녕" по отношению к близким друзьям или к людям младшим по возрасту. Выражение "반갑습니다." [пангапсымнида.] имеет значение «Очень рад» (встрече) в русском языке. Название одной из популярных народных песен в Северной Корее так и называется "반갑습니다." Для точности Вы можете вставить "만나서" [маннасо] в начале фразы. Когда Вы используете слово "만나서" [маннасо] это, как правило, означает первую встречу.

<table><tr><td>**Грамматика**</td><td>동사(Глагол)+습니다/ㅂ니다, 동사(Глагол)+아/어요</td></tr></table>

'–습니다' – является формальным повествовательным окончанием предложения. В конструкции предложения корейского языка окончание выполняет функцию завершения предложения, присоединившись к основе последнего глагола предложения. Форма '–습니다' присоединяется к глаголам, оканчивающимся на согласную букву (закрытый слог), а форма '–ㅂ니다' – к глаголам, оканчивающимся на гласную букву (открытый слог). В корейском языке в зависимости от связи между говорящим и слушающим меняется и образование уважительной формы. '–습니다' является формальной или официальной уважительной формой, а форма '–아/어요' неофициальной. Даже если слушающий старше и занимает более высокое общественное положение по отношению к говорящему, но при этом между ними близкие отношения используют неофициальную уважительную форму. Зачастую эту форму используют между родителями, братьями, сестрами и другими членами семьи в неофициальной обстановке. Форма '–아요' присоединяется к основе глагола, оканчивающейся на '–아' или же '–오'. Форма '–어요' присоединяется ко всем остальным формам глагола, оканчивающимися любой гласной кроме '–아–' и '–오–'. Однако, неофицальная уважительная форма от глагола '–하다' будет не '–하요', а '–해요'.

Пример

습니다/ㅂ니다	사과가 많습니다. [сагвага манссымнида.]
	Яблок много.
	회사에 갑니다. [хвесаэ камнида.]
	(Я, мы) иду (-ем) на фирму.
아/어요	책이 많아요. [Чхеги манаё.]
	Книг много.
	숙제가 없어요. [Сукчега опсоё.]
	Заданий нет.
	생일 축하해요. [Сэнниль чхукхахэё.]
	Поздравляю С Днем рождения.

❧ Пример.

А: 안녕하세요? [аннёнхасэё?]
Здравствуйте.

Б: 안녕하세요? [аннёнхасэё?]
Здравствуйте.

А: 저는 안나입니다. 러시아에서 왔습니다.
[Чонын аннаимнида рощиаэсо вассымнида.]
Я – Анна, из России.

Б: 만나서 반갑습니다.
[Маннасо пангапсымнида.]
Приятно познакомиться.

А: 만나서 반갑습니다.
[Маннасо пангапсымнида.]
Приятно познакомиться.

Словарь

저 [чо] я
러시아 [рощиа] Россия
만나다 [маннада] встречать, встречаться
반갑다 [пангапта] радоваться

2 | До свидания.
안녕히 가세요./안녕히 계세요.

В корейском языке существует два выражения употребляемых при расставании: когда Вы прощаетесь с человеком, который уходит, и когда Вы уходите. Дословный перевод "안녕히 가세요." – '안녕히' = счастливо, '가세요' = идите; "안녕히 계세요." – '안녕히' = счастливо, '계세요' = оставайтесь. Таким образом, прощаясь Вам следует использовать фразу "안녕히 가세요", когда Вы желаете «Счастливого пути» людям, которые покидают Вас и "안녕히 계세요", когда Вы желаете «Счастливо оставаться» людям, которые остаются. И само собой, Вы говорите "안녕히 가세요" в том случае, когда уходят все.

 동작동사(Глагол действия)+(으)세요

Окончание повелительной формы. Если основа глагола оканчивается на согласную букву, то присоединяется '-으세요'; если на гласную, то присоединяется '-세요'.

Пример

여기에 앉으세요. [егиэ анчжысеё]
Садитесь сюда.

안녕히 가세요. [Аннёнхи касэё.] [уходящему человеку.]
До свидания.

맛있게 드세요.(○) [мащикке тысэё.]
Приятного аппетита.
맛있게 먹으세요.(×) [мащикке могысэё.]

안녕히 주무세요.(○) [аннёнхи чумусэё.]
Спокойной ночи.
안녕히 자세요.(×) [аннёнхи часэё.]

МЕМО

❧ Пример.

А: 오늘 아주 재미있었습니다.
[Оныль ачжу чемиисосымнида.]
Сегодня было очень интересно

이만 가보겠습니다. [иман капогессымнида.]
Извините, но мне пора.

Б: 와주셔서 감사합니다. [Вачжущёсо камсахамнида.]
Спасибо, что пришли.

조심해서 가세요. [Чощимесо касэё.]
Будьте осторожны по дороге.

А: 네, 안녕히 계세요. [Нэ, анненхи кесэё.]
Спасибо, счастливо оставаться. (До свидания)

Б: 네, 안녕히 가세요. [Нэ, анненхи касэё.]
Счастливого пути. (До свидания)

Словарь

오늘 [оныль] сегодня

아주 [ачжу] очень

재미 [чеми] интерес

가다 [када] идти

오다 [ода] прийти

감사 [камса] благодарность

조심하다 [чощимхада] быть осторожным

3 | Приятно познакомиться. 처음 뵙겠습니다.

Буквальный перевод фразы "처음 뵙겠습니다." [чхоым пепкессымнида] – «это наша первая встреча». Это выражение используется только в том случае, когда Вы встречаете человека в первый раз. Выражение "만나서 반갑습니다." [маннасо пангапсымнида] [Рад встрече] другой способ выразить приветствие в похожей ситуации. Эти выражения в основном используются в официальных ситуациях. "또 뵙겠습니다." [тто пепкессымнида] можно использовать для выражения «Еще увидимся».

 명사(Существительноое)+에서

Частица, обозначающая место. Используется вместе с глаголом действия, и обозначает определенное место, где происходит действие. Употребление данной формы с глаголом '오다' (приходить) несет смысл отправной точки (откуда).

Пример

도서관에서 숙제해요. [тосогванэсо сукчехэё.]
Занимаюсь в библиотеке.

운동장에서 농구를 합니다. [ундонджанэсо нонгурыль хамнида.]
Играю в баскетбол на стадионе.

어느 나라에서 오셨어요? [оны нараэсо ощёссоё?]
 Откуда Вы приехали?

MEMO

❧ Пример.

А: 안녕하십니까? [аннёнхащимникка?]
처음 뵙겠습니다. [чхоым пепкессымнида.]
Здравствуйте. Рад встрече.

저는 안톤이라고 합니다. [Чонын антонираго хамнида.]
Меня зовут Антон.

Б: 안녕하십니까? [аннёнхащимникка?]
저는 김영입니다. [чонын ким ёнгимнида.]
Здравствуйте, я Ким Ёнг.

어느 나라에서 오셨습니까? [оны нараэсо ощёссымникка?]
Откуда Вы приехали?

А: 저는 러시아에서 왔습니다. [Чонын рощиаэсо вассымнида.]
Я приехал из России.

한국에 여행하기 위해서 왔습니다.
[Хангуге ёхэнхаги вихесо вассымнида.]
Я приехал попутешествовать по Корее.

Б: 즐거운 시간이 되시기를 바랍니다.
[Чыльгоун щигани твещигирыль парамнида.]
Желаю весело провести время.

Словарь

처음 [чхоым] впервые

나라 [нара] страна

여행 [ёхэн] путешествие

즐겁다 [чыльгопта] веселый, радостный

시간 [щиган] время

4 | Спасибо.
감사합니다./고맙습니다.

Фраза «спасибо» является одной из первых для запоминания при изучении иностранного языка. Знание и умение говорить «спасибо» в повседневной жизни помогают строить отношения с корейцами. Фраза "감사합니다." [камсахамнида], произнесённая с улыбкой, сделает даже неразговорчивого человека более дружелюбным. Фразы "감사합니다, 고맙습니다." являются основными для выражения благодарности в корейском языке. Слово '정말' может использоваться для усиления значения.

명사(Сущ.)+이/가

Присоединяется к основе существительного и обозначает, что данное слово является главным в предложении. К существительному с закрытым слогом присоединяется ‘이’, и, соответственно, с открытым – ‘가’. Местоимения ‘나, 너, 저’, преобразовывающиеся в ‘내가, 네가, 제가’, а также вопросительное местоимение ‘누구’, преобразовывающееся в ‘누가’ являются исключениями.

Пример

사무실이 어디예요? [самущири одиеё?]
Где находится офис?

저기가 도서관입니다. [чогига тосогванимнида.]
Вон там библиотека.

이름이 뭐예요? [ирыми моеё?]
Как (Вас) зовут?

- А: 누가 나오코 씨입니까?
  [нуга Наокхощиимникка?]
  Кто Наоко?
- Б: 제가 나오코입니다. [Чега Наокхоимнида.]
  Я Наоко.

МЕМО

🎴 Пример.

А: 이렇게 초대해 주셔서 정말 감사합니다.
[ирокхе чходэхэ чжущёсо чонмаль камсахамнида.]
Большое спасибо за приглашение.

Б: 별 말씀을요. 와 주셔서 제가 감사하지요.
[пёльмальсымырё. Ва чжущёсо чега камсахачжиё.]
Не стоит. Вам спасибо за то, что пришли.

А: 제가 한국에 온 지 얼마 되지 않아서, 선물로 뭘 준비해야
할지 몰라서 그냥 꽃을 샀어요.
[чега хангуге он чжи ольма твечжи анасо, сонмуллё моль
чунбихеяхаль чжи моллясо кынянг ккочыль сассоё.]
Поскольку я недавно приехал в Корею, не зная что
подарить, просто купил цветы.

Б: 그냥 오셔도 되는데, 꽃이 정말 예쁘네요. 정말 고맙습니다.
[кынянг ощёдо твенындэ, ккочи чонмаль епынэё.
Чонмаль комапсымнида.]
Просто так можно было прийти. Цветы действительно
красивые. Большое спасибо.

Словарь

초대 [чходэ] приглашение

선물 [сонмуль] подарок

꽃 [ккот] цветы

예쁘다 [еппыда] красивый(-ая, ое)

5 | Спокойной ночи.
안녕히 주무세요.

После захода солнца, использование выражения "안녕히 주무세요." [аннёнхи чумусэё] в некоторых случаях является более подходящим при прощании. В Корее "안녕히 주무세요." используется младшим поколением по отношению к старшим для выражения уважения при пожелании доброй ночи. Фраза "잘 자." обычно употребляется по отношению к друзьям или детям.

Грамматика 명사(Сущ.)+도

Данная частица присоединяется к основе существительного и имеет смысл «тоже, также».

Пример

저는 김치를 좋아해요. 불고기도 좋아해요.
[Чонын кимчхирыль човахэё. Пулькогидо човахэё.]
Я люблю кимчхи. Также я люблю пулькоги.

도서관에 책이 많아요. 사전도 많아요.
[Тосогванэ чхеги манаё. Сачжондо манаё.]
В библиотеке много книг. А также много словарей.

공원에서 친구를 만나요. 선생님도 만나요.
[Конвонэсо чхингурыль маннаё. Сонсэнимдо маннаё.]
В парке я встречаюсь с другом. Я встречаюсь также и с учителем.

MEMO

❧ **Пример.**

А: 오늘 파티 너무 재미있었어요!
[оныль пхатхи ному чемиисоссоё!]
Сегодня вечеринка была очень интересной.

Б: 그래요, 음식도 아주 맛있었어요.
[Кырэё, ымщикдо ачжу мащиссоссоё.]
Действительно, да и еда была вкусной.

А: 그리고 이곳 호텔도 아주 마음에 들어요.
[кыриго игот хотхэльдо хотхэльдо ачжу маыме тыроё.]
И гостиница мне понравилась.

Б: 밤이 늦었군요. 들어가서 쉬세요.
[пами нычжёккунё. Тырогасо щисэё.]
О, уже поздно. Идите отдыхайте.

А: 네, 좀 쉬어야겠어요. [нэ, чом щиоягессоё.]
Да, надо отдохнуть.

안녕히 주무세요. [Аннёнхи чумусэё.]
Спокойной ночи.

Б: 네, 안녕히 주무세요. [нэ, аннёнхи чумусэё.]
Спокойной ночи.

Словарь

파티 [пати] вечеринка

읽기
자료 | # Этикет приветствия
인사 예절

Корея – страна, в которой приветствие можно выразить несколькими способами. Когда Вы приветствуете старших по возрасту, Вы должны использовать более официальный стиль речи, при этом вежливо поклониться. Приветствуя кого-либо следует кланяться, опустив голову. По отношению к старшим Вы говорите '안녕하세요?/ 안녕하십니까?', а к друзьям можно использовать '안녕, 잘 있었니?' Посещая дома старших, полагается низко поклониться, что является выражением вежливости и почтения к старшим.

2

Представление.
자기 소개하기

1 Меня зовут Миша.
저는 미샤라고 합니다.

2 Надеюсь на взаимопонимание с Вашей стороны.
앞으로 잘 부탁드립니다.

1 | Меня зовут Миша.
저는 미샤라고 합니다.

$\mathbf{K}$ак и простое приветствие, ситуации с официальным приветствием возникают довольно-таки часто. Выражения "잘 부탁드립니다." [Чаль путхактыримнида] (Надеюсь на взаимопонимание с Вашей стороны), "많이 도와 주세요." [Мани товачусэё.] (надеюсь на Вашу помощь) и "열심 히 하겠습니다." [Ёльщими хагессымнида.] (Сделаю все от меня зависящее/буду усерден) являются хорошими примерами использования официального корейского языка.

  동사(Глагол)+(으)ㄴ+명사(Сущ.)

Присоединяется к основе глагола и дает определение главному слову (существительному). '–(으)ㄴ' привносит смысл законченности действия в прошлом.

Пример

어제 저녁에 먹은 음식이 맛있었어요.
[очже чонёге могын ымщиги мащиссоссоё.]
Съеденная вчера на ужин еда была вкусной.

지난 주에 본 영화예요. [Чинан чуе пон ёнхваеё.]
Фильм, который смотрели на прошлой неделе.

남대문에서 찍은 사진이에요.
[Намдэмунэсо ттигын сачжиниеё.]
Фотография, снятая на Намдэмуне.

새로 입사한 신입사원입니다.
[Сэро ипсахан щинипсавонимнида.]
Недавно поступивший новый сотрудник.

MEMO

❧ Пример.

A: 여러분, 오늘 새로 입사한 신입사원을 소개하겠어요.
[Ёробун, оныль сэро ипссахан щинипсавоныль согехагессоё.]
Минуточку внимания, хочу представить нового сотрудника.

자, 인사하세요. [Ча, инсахасэё.]
Пожалуйста представьтесь.

Б: 안녕하세요? [Аннёнхасэё?]
Здравствуйте.

저는 빅토르라고 합니다. [Чонын Викторыраго хамнида.]
Меня зовут Виктор.

잘 부탁합니다. [Чаль путхакхамнида.]
Надеюсь на взаимопонимание с Вашей стороны.

C: 안녕하세요? 반갑습니다. [Аннёнхасэё? Пангапссымнида.]
Здравствуйте. Очень рад.

A: 여러분이 많이 도와주도록 하세요.
[Ёробуни мани товачудорок хасэё.]
Прошу любить и жаловать.

C: 네, 알겠습니다. [нэ, альгессымнида.]
Да, конечно

Б: 감사합니다. 열심히 하겠습니다.
[Камсахамнида. Ёльщими хагессымнида.]
Спасибо. Буду усерден.

Словарь

여러분 [ёробун] Дамы и Господа, Вы (при обращении к аудитории

새로 [сэро] ново-, по-новому

입사 [ипса] поступление на работу

신입사원 [щинипсавон] новый сотрудник

소개 [соге] представление

많이 [мани] много

열심히 [ёльщими] усердно

~하다 [хада] делать

2 — Надеюсь на взаимопонимание с Вашей стороны.

앞으로 잘 부탁드립니다.

Является естественным приветствовать сотрудников при поступлении в новую компанию. В Корее, в отличие от некоторых западных стран, после первого знакомства, считается вежливым просить сотрудников о терпении и помощи в период Вашей адаптации на новом месте.

Грамматика 명사(Сущ.)+은/는

'은/는' присоединяясь к существительному, задает тему предложения. А именно, эта частица используется, когда говорящий собирается говорить о чем-либо, а также когда упоминается особый предмет разговора между говорящим и слушающим. К существительным, заканчивающимся на согласную присоединятеся '은', на гласную '는'.

Пример

이 사람은 학생입니다. [И сарамын хаксэнимнида.]
Этот человек – студент.

여기는 어디입니까? [Ёгинын одиимника?]
Где мы? (Как называется место, где мы находимся)

저는 지금 모스크바에 있어요. [Чонын чигым мосыкхыбаэ иссоё.]
Я сейчас в Москве.

이 사진은 제 가족사진입니다. [И сачжинын чэ качжёксачжинимнида.]
Это фотография моей семьи.

• А: 저 사람이 성호 씨입니까? [Чо сарами сонгхо щиимника?]
   Тот человек Сонг Хо?

Б: 아니요, 저 사람은 모하메드 씨입니다.
   [Аниё, чо сарамын мохамеды щиимнида.]
   Нет, тот человек Мохамед.

MEMO

🙰 Пример.

А: 안녕하세요? 저는 러시아에서 온 빅토르입니다.
[аннёнхасэё? Чонын рощиаэсо он викторыимнида.]
Здраствуйте. Меня зовут Виктор. Я приехал из России.

Б: 처음 뵙겠습니다. [чоым пепкессымнида.]
Приятно познакомиться.

저는 김건우입니다. [чонын кимконуимнида.]
Я Ким Кон У.

함께 일하게 돼서 반갑습니다.
[хамкке ирхаге двэсо панкапсымнида.]
Рад, что будем вместе работать.

А: 제가 부족한 점이 많습니다.
[чега пучжокхан чжоми мани иссымнида.]
Мне ещё многому предстоит научиться.

앞으로 많이 도와 주십시오. [апхыро мани това чжущибщио.]
Надеюсь на Вашу помощь.

Б: 별 말씀을요. [пёльмальсымырё.]
Ну что Вы.

한국어를 이렇게 잘하시는데요.
[хангугорыль ирокхе чальхащинындэё.]
Вы хорошо говорите по-корейски.

А: 아니요, 아직도 한국어가 서투른 편입니다.
[аниё, ачжикдо хангугога сотхурын пхёнимнида.]
Нет, я ещё слабо знаю корейский.

앞으로 잘 부탁 드립니다. [апхыро чаль путхак тыримнида.]
Надеюсь на взаимопонимание с Вашей стороны.

Словарь

함께 [хамкке] вместе

일하다 [ирхада] работать

부족하다 [пуджокхада] недостаточный

이렇게 [ирокхе] так, таким образом

잘하다 [чархада] хорошо делать

서투르다 [сотхурыда] быть неопытным, неумелым

3

Вопрос-ответ.
질문과 대답하기

1 Как это будет по-корейски?
이것은 한국어로 무엇입니까?

2 Не могли бы Вы повторить ешё раз?
다시 한번 말씀해 주시겠습니까?

3 Сколько времени это займет?
얼마나 걸려요?

4 Как давно Вы в Корее?
한국에 오신 지 얼마나 됐어요?

5 Я согласен с Вами / Я тоже так считаю.
저도 그렇게 생각해요.

1 | Как это будет по-корейски?
이것은 한국어로 무엇입니까?

Лучший способ пополнить Ваш словарный запас — постоянно спрашивать как будет по-корейски название или имя предметов, окружающих Вас. Будет еще лучше, если Вы будете спрашивать об этом на корейском языке. Если Вы умете читать по-корейски, другой способ пополнить Ваш лексикон — это узнавать, что означает то или иное слово по-русски. Такое желание увеличить словарный запас, говорит о Вашем стремлении хорошо знать корейский язык.

Грамматика 이것/그것/저것

'이것' (это) указывает на близкое расположение предмета от говорящего. '그것' (то) употребляется, если говорящий указывает на предмет находящийся поблизости, или же если предмет, о котором говорится, был уже затронут в разговоре. '저것' (вон то) употребляется для указания предмета, находящегося в отдалении как от говорящего, так и от слушающего.

Пример

이것이 제 가방입니다. [игосын че кабанимнида.]
Это моя сумка.

그것은 한국 음식입니까? [кыгосын хангук ымсигимника?]
Вон то, корейское блюдо?

저것은 한국어로 무엇입니까? [чогосын хангугоро муосимника?]
Как называется вон то по-корейски?

МЕМО

✎ Пример.

А: 이것은 한국어로 무엇입니까?
[Игосын хангугоро муосимника?]
Как это будет по-корейски?

Б: 그것은 한국어로 사과입니다.
[Кыгосын хангугоро сагваимнида.]
По-корейски это будет «сагва».

А: 이것은 한국어로 무엇입니까?
[Игосын хангугоро муосимника?]
А как это будет по-корейски?

Б: 그것은 한국어로도 파인애플입니다.
[Кыгосын хангугородо пхайнэпыльимнида.]
По-корейски это также будет «пхайнэпыль».

А: 파인 사과가 아니군요?
[пхайн сагвага анигунё?]
А разве не «пхайн сагва»?

Б: 네?
[нэ?]
Что?

Словарь

이것 [игот] это

무엇 [муот] что

사과 [сагва] яблоко

파인애플 [пхайнэпыль] ананас

2

Не могли бы Вы повторить ещё раз?
다시 한번 말씀해 주시겠습니까?

Ммена являются одними из сложных слов для восприятия на слух и запоминания при общении на корейском языке. Намного легче, если Вы знаете такие особенности корейских имен, как тот факт, что фамилии состоят из одного слога.

 동사(глагол)+겠-

Присоединяясь к основе глагола образовывает будущую форму глагола.
В случае, употребления от первого лица, глагол указывает на намерение
говорящего.

Пример

저녁에 전화하겠습니다. [чонёге чонхвахагесымнида.]
(Я) позвоню вечером.

내일 비가 오겠습니다. [неиль пига огесымнида.]
Завтра пойдет дождь.

저는 비빔밥을 먹겠어요. [чонын пибимпабыль моккесымнида.]
Я поем пибимпаб.

일찍 출발하겠습니다. [ильциг чхульбальхагесымнида.]
Выедем пораньше.

MEMO

✂ Пример.

A: 저, 여기가 한국 경제 연구소입니까?
[Чо, ёгига хангук кёндже ёнгусоимникка?]
Извините, это Исследовательский Центр экономики Кореи?

Б: 네, 그런데요. 어떻게 오셨습니까?
[Нэ, кырондеё. Отокхе ощессымника?]
Да, это так. Чем я могу Вам помочь?

A: 소장님을 만나러 왔습니다.
[Соджанимыль маннаро вассымнида.]
Я пришел на встречу с директором.

Б: 성함이 어떻게 되십니까?
[Сонхами отоккхе твещимникка?]
Я могу узнать Ваше имя?

A: 박영건입니다. [Пак Ёнг Конимнида.]
Пак Ёнг Кон.

Б: 실례지만, 다시 한번 말씀해 주시겠습니까?
[Силледжиман, тащи ханбон мальсымхе чущигессымникка?]
Извините, не повторите ли Вы еще раз?

Словарь

경제 [кёндже] экономика

연구소 [ёнгусо] исследовательский центр

어떻게 [отоккхе] как

소장 [соджан] директор

다시 [тащи] снова, еще

말씀 [мальсым] слово (в уважительной форме)

3 | Сколько времени это займет?
얼마나 걸려요?

С лово '얼마나'[ольмана] используется для выражения количества времени, затраченного для перемещения от одного места до другого. Чаще всего используется выражение '~에서, ~까지 얼마나 걸려요?'[-эсо, -ккаджи ольмана коллёё?] Например, "집에서 회사까지 얼마나 걸려요?"[чибэсо хвесаккаджи ольмана коллёё?]. Слово '얼마나' так же может означать «очень, много», в таких случаях как: "얼마나 맛있는지 몰라요" [ольмана мащиннынчжи маллаё], что в переводе значит «Очень вкусно».

 # 명사(Сущ.)+부터/에서, 명사(сущ.)+까지

Частица '부터' выражает начало события или времени, а частица '까지' выражает окончание(завершение) события или времени. При выражении пространства употребляются частицы '에서', '까지'. Если начало и завершение события, времени или пространства необходимо заключить в одно предложение употребляют обе частицы. Но частицы могут употреблятся и отдельно.

Пример

저는 9시부터 5시까지 일합니다.
[чонын ахобщипутхо тасотщикаджи ирхамнида.]
Я работаю с девяти до пяти часов.

12시부터 1시까지 점심 시간입니다.
[ёльтусипутхо хансикаджи чомщимщиганимнида.]
Время обеда с двенадцати до часу.

모스크바에서 한국까지 얼마나 걸려요?
[москваэсо хангуккаджи ольмана колёё?]
Сколько (времени) от Москвы до Кореи?

회사까지 같이 갑시다. [хвэсакаджи катчхи капсида.]
Пойдемте до фирмы вместе.

MEMO

❧ Пример.

А: 유럽에 가 본 적이 있어요?

[юробэ ка пон чоги иссоё?]

Вы были в Европе?

Б: 아니요, 한 번도 못 가 봤어요.

[Аниё, хан бондо мот ка бассоё.]

Нет, не был.

А: 서울에서 파리까지 얼마나 걸리는데요?

[соурэсо париккаджи ольмана коллинындэё?]

А сколько времени занимает от Сеула до Парижа?

Б: 보통 비행기로 11시간쯤 걸려요.

[потхон пихенгиро 11щиганчжым коллёё.]

Самолётом обычно около 11 часов.

А: 정말 유럽은 굉장히 멀군요.

[чжонмаль юробын квенчжани мольгунё.]

Европа действительно очень далеко находится.

Словарь

유럽 [юроб] Европа

서울 [соуль] Сеул

파리 [пхари] Париж

보통 [потхон] обычно

비행기 [пихенги] самолёт

굉장히 [квенчжани] очень

멀다 [мольда] далекий

4 | Как давно Вы в Корее?
한국에 온 지 얼마나 됐어요?

"한국에 온 지 얼마나 됐어요?" [хангуге он чжи ольмана двэссоё?] — самый часто задаваемый вопрос иностранцам, живущим в Корее. Такие фразы, как "3년 2개월 됐어요." или "한 3년쯤 됐어요." являются основными формами ответа на данный вопрос. Выражение '-ㄴ 지 얼마나 됐어요?' [-(ы)н чжи ольмана двэссоё?] используется для того, чтобы узнать о длительности действия, например, "한국어를 배운 지 얼마나 됐어요?" [хангугорыль пеун чжи ольмана двэссоё?]

동사(глагол)+(으)ㄴ 지

Указывает на то, сколько времени прошло с момента окончания действия.

*После данной формы должен указываться временной параметр, например, один год, один месяц, день и т.д.

Пример

회사에 다닌 지 3년 되었어요.

[хвэсаэ танин джи сам нён твэсоё.]

С момента поступления на работу прошло три года.

운동을 시작한 지 한 달이 넘었어요.

[ундони сиджакхан джи хан дари номосоё.]

Прошёл месяц, как я начал заниматься спортом.

결혼한 지 10년이 되었네요.

[кёрхонхан джи сиб нёни твэосоё.]

Прошло десять лет, как поженились.

МЕМО

❧ Пример.

А: 빅토르 씨, 한국에 온 지 얼마나 됐어요?
[виктор щи, хангуге он чжи ольмана двэссоё?]
Виктор, как долго Вы находитесь в Корее?

Б: 한 3년쯤 됐어요. [хан самнёнчжым двэссоё.]
Прошло 3 месяца.

시간이 참 빠르네요. [щигани чам ппарынэё.]
Вот время быстро летит.

А: 언제부터 한국어를 배우셨어요?
[ончжэбутхо хангугорыль пеущёсоё?]
Когда Вы начали изучать корейский язык?

Б: 3년 전에 한국에 와서 처음 배우기 시작했어요.
[самнёнчоне хангуке васо чоым пеуги сиджакхесоё.]
Я начал изучать корейский язык 3 года назад, когда
впервые приехал в Корею.

А: 우리 회사에서 근무하신 지도 꽤 됐지요?
[Ури хвесаэсо кынмухащин чидо кве твечиё?]
На нашей фирме уже давно работаете же?

Б: 이 회사에서 근무한 지는 아직 10개월 밖에 안 됐어요.
[И хвесаэсо кынмухан джинын аджик щипкеволь пакке
ан тщэсоё.]
Я работаю в этой фирме всего 10 месяцев.

Словарь

얼마나 [ольмана] сколько

3년 [самнён] 3 года

근무 [кынму] работа

빠르다 [парыда] быстрый

10개월 [щипкеволь] 10 месяцев

언제부터 [онджепутхо] с какого времени

배우다 [пеуда] изучать

회사 [хвеса] фирма, компания

5 | Я согласен с Вами/Я тоже так считаю.
저도 그렇게 생각해요.

Ф орма '–다고 생각하다.' [-таго сенгакхада] используется для выражения чьего-либо мнения, а форма "저도 그렇게 생각해요." [чодо кырокхе сенгакхеё.] для выражения согласия с чьим-то мнением. Если Вы хотите выразить несогласие с чьим-то мнением, Вы можете использовать такое выражение, как "저는 그렇게 생각하지 않아요." [чонын кырокхе сенгакхаджи анаё.] или "제 생각은 좀 달라요." [че сенгагын чом таллаё]. Используя данные конструкции, попробуйте рассказать о своих предпочтениях в корейской еде.

동사(глагол)+지 않다/않아요.

Сложное отрицание. '–지 않다' присоединяется к основе глагола. Отрицание '안' и '–지 않다' применяются только в повествовательных и вопросительных предложениях.

Пример

김치가 맵지 않아요. [Кимчхига мепчхи анаё.]
Кимчхи не горькое.

오늘은 회사에 가지 않아요. [Онырын хвесае качжи анаё.]
Я сегодня не иду на работу.

그 사람은 커피를 마시지 않아요. [кы сарамын копирыль мащичжи анаё.]
Этот человек не пьет кофе.

왜 생일 파티에 오지 않았어요? [Ве сениль патие очжи анассоё?]
Почему Вы не пришли на День рождение?

MEMO

⌘ Пример.

А: 저는 한국 음식 중에서 비빔밥이 제일 맛있다고 생각해요.
[Чонын хангук ымщик чунесо пибимпаби чеиль маситтаго сенгакхэё.]
Я считаю, что в корейской кухне самое вкусное блюдо – это пибимпаб.

Б: 저도 그렇게 생각해요. [Чодо кырокхе сенгакхэё.]
Я тоже так думаю.

그리고 반찬 중에서는 김치가 제일 맛있어요.
[Кыриго панчхан чунесо кимчига чеиль масиссоё.]
А среди салатов самое вкусное – кимчхи.

А: 그래요? 김치는 너무 맵지 않아요?
[Кыреё? Кимчхинын ному мепчи анаё?]
Да? А разве кимчхи не слишком острое?

Б: 조금 맵지만 맛있어요. [Чокым мепчиман масисоё.]
Хотя немного остро, но вкусно.

А: 빅토르 씨는 김치를 아주 잘 드시나 봐요.
[Викторы щинын кимчхирыль аджу чаль тысина баё.]
Видно Вы, Виктор, хорошо едите кимчхи.

Б: 네, 저는 김치를 아주 좋아해요.
[Нэ, чонын кимчхирыль аджу човахеё.]
Да, я очень люблю кимчхи.

Словарь

음식 [ымщик] пища, еда

너무 [ному] очень, слишком

~중에서 [чунесо] среди чего-либо

맵다 [мепта] острый

맛있다 [маситта] вкусный

드시다 [тыщида] есть уважительная форма

생각하다 [сенгакхада] думать, считать

먹다 [мокта] есть о еде

반찬 [панчан] салат

좋아하다 [човахада] любить, нравиться

읽기
자료 | **Кимчхи**
김치

Кимчхи – это традиционное корейское блюдо. Было бы очень странно есть корейскую пищу без кимчхи. Корейцы говорят, что для них очень сложно прожить хотя бы день без кимчхи. Они рассказывают, как им бывает тяжело без кимчхи, когда они путешествуют заграницей.

У кимчхи есть и другое значение. Корейцы говорят «кимчхи!», когда фотографируются для того, чтобы улыбнуться в объектив. Если Вы будете говорить слово «кимчхи!», вместо «улыбочку!» или «cheese!», у Вас останется много приятных воспоминаний о пребывании в Корее. Корейцы часто говорят, что после путешествия остаются только фотографии. Конечно, Вы должны улыбаться, говоря слово «кимчхи!».

4

Транспорт и ориентация по местности.

교통수단과 길 찾기

1 Я хотел бы забронировать билет.
비행기 표를 예매하고 싶은데요.

2 Может возьмем такси?
택시를 탈까요?

3 Пожалуйста, остановите мне возле рынка Намдемун.
남대문 시장 근처에서 내려 주세요.

4 Остановите, пожалуйста, там.
저기에 세워 주세요.

5 Пересядьте на третью линию на станции Чонно Сам-га.
종로 3 가에서 3 호선으로 갈아타세요.

1 | Я хотел бы забронировать билет.
비행기 표를 예매하고 싶은데요.

Когда Вы бронируете билет, Вы должны точно назвать дату и пункт назначения. Обычно используют такое выражение, как: "○월 ○일에 출발하는 ○○행 비행기 표를 예매하고 싶은데요." [○воль ○ире чульбальханын ○ ○хен пихенги пхёрыль емехаго сипындеё.], служащий аэропорта ознакомит Вас с доступными рейсами. Когда у Вас спрашивают "지불은 어떻게 하시겠습니까?" [чибурын оттокхе хасигессымникка?], в зависимости от того, как Вы будете расплачиваться, Вы можете ответить: "카드로 하겠습니다." [кхадыро хагессымнида.] или "현금으로 하겠습니다." [хёнгымыро хагессымнида.]

Грамматика 동사(глагол)+고 싶다

Присоединяясь к глаголу, выражает желание говорящего. Употребляется в повествовательном предложение от первого лица, также данная форма употребляется в вопросительном предложении от второго лица. В третьем лице используется форма '–고 싶어하다'.

Пример

한국 음식을 먹고 싶어요. [хангук ымщигыль мокко щипоё.]
Я хочу поесть корейские блюда.

저는 한국에서 살고 싶어요. [чонын хангугэсо сальго щипоё.]
Я хочу жить в Корее.

빅토르 씨도 같이 가고 싶으세요? [Викторщидо катчхи каго щипхысеё?]
Виктор Вы тоже хотите пойти с нами?

샤샤 씨는 자동차를 사고 싶어해요. [Сашащидо чадончхарыль саго щипхохеё.]
Саша хочет купить машину.

MEMO

Пример.

A: 9월 8일에 출발하는 모스크바행 비행기 표를 예약하고 싶은데요.

[Куволь пхарире чхульбальханын мосыкыбахен пихенги пхёрыль еякхаго щипындеё.]

Я хотел бы забронировать билет на рейс до Москвы на 8 сентября.

Б: 8일에는 대한항공 편밖에 없는데요.

[Пхариренын теханхангон пхёнпакке омнындэё.]

На 8-е есть только корейские авиалинии.

대한항공으로 하시겠습니까?

[Теханхангоныро хащигессымникка?]

Вас это устраивает?

A: 네, 좋아요. 14일에 서울에 도착하는 것으로 해 주세요.

[Нэ, човаё. Щипсаире соуре точакханын госыро хе чусеё.]

Да, хорошо. Пожалуйста, сделайте обратный билет на 14-е.

Б: 9월 8일 출발, 14일 도착하는 비행기 표가 예약되었습니다.

[Куволь пхарире чхульбаль, щипсаиль точхакханын пихенги пхёга еяктвэоссымнида.]

Итак, билет с отправлением 8 сентября и прибытием 14-го забронирован

지불은 어떻게 하시겠습니까?

[Чибурын оттокхе хащигессымникка?]

Как Вы будете оплачивать?

А: 카드로 하겠습니다.

[Кхадыро хагессымнида.]

Я оплачу карточкой.

Словарь

출발 [чхульбаль] отправка

예약 [еяк] бронь

도착 [точхак] прибытие

지불 [чибуль] оплата

카드 [кхады] кредитная карточка

2 | Может возьмем такси?
택시를 탈까요?

Форма '–(으)ㅂ시다./–자.' [-(ы)пщида./-джа] обычно используется, когда Вы хотите что-либо предложить. Форма '–(으)ㄹ까요/–(으)ㄹ까?' [-(ы)льккаё/-(ы)льлкка?] используется, когда Вы малознакомы с собеседником. Конструкции '–(으)ㅂ시다'[-(ы)пщида]와 '–(으)ㄹ까요?' [-(ы)льккаё?] являются уважительными, в то время как формы '–자.'[-джа], '–(으)ㄹ까?'[-(ы)льлкка?] менее формальными. Например, выражение "오늘 저녁에는 양식을 먹자." [оныль чжонёгенын янщигыль мокчжа] может быть использовано по отношению к близким, а фраза "오늘 저녁에는 양식을 먹을까요?" [оныль чжонёгенын янщигыль могыльккаё?] по отношению к малознакомым людям.

Грамматика　동사(Глалог)+(으)ㄹ까요?

Окончание, использующееся в вопросительном предложении для уточнения у слушающего какого-либо нерешенного вопроса. Если в роли подлежащего выступает 1-е лицо в единственном числе, то данное окончание обозначает, что говорящий спрашивает у слушающего его мнение по какому-либо вопросу. Если подлежащее 1-го лица множественного числа, то конструкция означает, что говорящий предлагает слушающему сделать что-либо вместе. Таким образом, в случае, если в роли подлежащего 1-е лицо единственного числа, то слушающий дает разрешение(одобрение) на что-либо, в ответе используется повелительная конструкция '(으)세요'; если же в качестве подлежащего выступает 1-е лицо множественного числа, то слушающий отвечает, используя конструкцию '(으)ㅂ시다', которая означает согласие. Если основа глагола заканчивается на согласную, то присоединяется '-을까요?', а если на гласную – '-ㄹ까요?'.

Пример

제가 문을 닫을까요? [Чжега муныль тадылькаё?]
Мне закрыть дверь?

몇 시에 만날까요? [Мёт щие манналькаё?]
Во сколько встретимся?

우리 같이 점심을 먹을까요?
[Ури качи чжомсимыль могылькаё?]
Пообедаем вместе?

조금 후에 전화할까요?
[Чжогым хуе чжонхвахалькаё?]
Позвонить чуть позже?

✍ Пример.

А: 벌써 시간이 9시 넘었네요.
[польссо щигани ахобщига номоннэё.]
Уже десятый час.

Б: 늦었으니까 택시를 탈까요?
[ныджёссыникка тэкщирыль тхальккаё?]
Уже поздно. Может возьмём такси?

А: 차가 막히지는 않겠지요?
[чхага макхичжинын анкетчжиё?]
Ты же не думаешь, что будут пробки?

Б: 네, 밤에는 아무래도 차가 덜 밀리더라고요.
[нэ, паменын амуредо чхага толь миллитдорагоё.]
Да, вечером, как правило, нет пробок.

А: 그래요? 그러면 택시 타는 곳으로 갈까요?
[кыреё? Кыромён тэкщи тханын госыро калькканё?]
Да? Тогда пойдем сядем на такси?

Б: 네, 그럽시다. [Нэ, кыропщида.]
Давайте.

Словарь

시간 [щиган] время

택시 [тэкщи] такси

막히다 [макхида], 밀리다 [миллида] быть преграждённым, загруженным о движении

밤 [пам] ночь, вечер

아무래도 [амуредо] в любом случае

3 | Пожалуйста, остановите мне возле рынка Намдемун.

남대문 시장 근처에서 내려 주세요.

Диалог, который может быть использован в такси. Такие фразы, как «Пожалуйста, на Мёнгдон», «Чонно самга» используются для обозначения места прибытия. Иногда водитель такси может спросить по какому маршруту Вы предпочитаете поехать. И обычно люди просят водителя выбирать дорогу с наименьшим движением, особенно в часы пик. Когда Вы просите остановиться где-либо, обычно используются такие выражения, как: «Я сойду возле…» или «Пожалуйста, остановите напротив…».

 안 +동사(глагол)

В корейском языке существуют две формы отрицания: простая и сложная. Простая форма отрицания '안' используется перед глаголом. В случае именного глагола '명사 +하다' (например: 공부하다 учиться), отрицательная частица '안' пишется между существительным и глаголом '하다'.

Пример

지금은 안 바빠요. [Чжигымын ан паппаё.]
(Я) сейчас не занят.

아직 친구에게 사과를 안 했어요.
[Аджик чхингуэге сакварыль ан хэсоё.]
Я до сих пор не извинился перед другом.

• 가: 지금 비가 와요? [Чжигым пига ваё?]
   Сейчас идет дождь?

 나: 아니요, 비가 안 와요. [аниё, пига ан ваё.]
   Нет, дождь не идет.

• 가: 숙제를 했어요? [Сукчерыль хэсоё?]
   Сделал(а) домашнее задание?

 나: 아니요, 숙제를 안 했어요. [Аниё. сукчжерыль ан хэсоё.]
   Нет, не сделал(а).

MEMO

✎🎵 **Пример.**

А: 어디로 가십니까? [одиро кащимникка?]
Вам куда?

Б: 명동으로 가 주세요. [мёнгдоныро ка чжусэё.]
На мёнгдон, пожалуйста.

А: 종로쪽으로 해서 갈까요?
[чжонноцогыро хесо кальккаё?]
Вас устраивает, если мы поедем через Чжонно?

Б: 길이 안 막히는 쪽으로 가 주세요.
[кири ан макхинын цогыро ка чжусэё.]
Поезжайте, пожалуйста, по дороге с меньшим движением.

А: 어디에서 내리실 건데요? [одиэсо нэрищильгондэё?]
Где Вам остановить?

Б: 남대문 시장 근처에서 내려 주세요.
[Намдэмун щичжан кынчоэ нэрё чусэё.]
Остановите, пожалуйста, в районе базара Намдэмун.

Словарь

어디 [оди] где, куда
내리다 [нэрида] останавливать
-(으)로 해서 [ы] ро хесо через
근처 [кынчо] возле, около

Рынок Намдемун
남대문 시장

Рынок Намдэмун — один из самых больших южно-корейских универсальных рынков уценённых товаров, расположенный на востоке от Джунгу Намдэмун. В ассортимент товаров, продающихся здесь, входят все виды одежды, текстиля, кухонной утвари, бытовой техники, предметов народного искусства; различные местные сувениры, сельско-хозяйственные и морепродукты, продовольственные и полезные товары, а так же импортные товары.

Но среди всего этого разнообразия товаров, рынок известен как вещевой, это наиболее продаваемая продукция, и Намдэмун с гордостью можно назвать самым ведущим рынком в стране. Намдэмун является вещевым поставщиком, особенно женской одежды, не только для местных розничных торговцев, но и для торговцев стран Юго-Восточной Азии, Америки и Европы. Этот маркет обеспечивает детскими товарами 90% национального рынка. Каждый магазин может выглядеть маленьким, но они все независимо управляются, и имеют свои собственные средства обслуживания и распределения. Также, магазины обращаются как к оптовым, так и к розничным торговцам, и наряду с этим работают с посредниками, имеющими прямые, эффективные и экономичные пути распределения товаров. Магазины также привлекают основную массу покупателей качеством товаров и дешевыми ценами.

4 | Остановите, пожалуйста, там.
저기에 세워 주세요.

Временами бывает трудно объяснить водителю такси, куда именно Вам нужно ехать, если поблизости с местом нет никаких опозновательных знаков. В таких случаях Вы можете использовать фразу "저기에 세워 주세요." [чогие сэво чусэё.], как просьбу остановиться около Вашего пункта назначения. Так же Вы можете использовать "여기 세워 주세요." [ёги сэво чусэё.] и "저기 세워 주세요." [чёги сэво чусэё.] во избежание траффика[оживлённого движения], и/или для остановки в менее переполненных местах. Фразы '좌회전' [чхваэчжон] — поворот налево и '우회전'[увечжон] — поворот направо, также могут быть использованы во время поездки в такси.

 동사(Глагол)+는 명사(сущ.)

Присоединяется к основе глагола, поясняет идущее за глаголом существительное. Данная форма '-는' показывает непрерывное действие в настоящем времени. К идущим за определяющим глаголом существительным могут присоединяться частицы, преобразуя при этом существительное в подлежащее, дополнение и в другие части речи.

Пример

교실에서 공부하는 사람이 빅토르 씨입니다.

[кёсиресо конбуханын сарами Виктор сиимнида.]

Человек, занимающийся в классе – это Виктор.

나는 외국에서 한국어를 가르치는 사람을 좋아해요.

[нанын вэгугэсо хангугорыль карычхинын сарамыль човахэё.]

Я люблю людей, преподающих корейский язык за рубежом.

한국어를 잘 하는 사람을 찾고 있어요.

[хангугорыль чаль ханын сарамыль чхатко исоё.]

Ищем людей хорошо знающих корейский язык.

저 건물이 제가 다니는 회사입니다.

[чо конмури чега танинын хвэсаимнида.]

Вон то здание - это фирма, где я работаю.

제가 요즘 읽는 책인데 아주 재미있어요.

[чега ёджым игнын чжэгиндэ аджу чэмииссоё.]

Это книга, которую я читаю в последнее время, она очень интересная.

❧ Пример.

А: 경희대 근처라고 하셨지요?
[Кёнхидэ кынчхораго хащётчиё?]
Вы сказали, что около университета Кенгхи?

Б: 네, 저기 보이는 사거리에서 우회전하시면 돼요.
[Нэ, чёги поинын сагориэсо ухвечжон хащимён двэё.]
Да, вон на том перекрестке поверните направо.

А: 그래요? 그쪽에서 차가 많이 밀린 것 같은데.
[кыреё? Кытчёге чхага мани миллин гот катхындэ.]
Да? Кажется там пробки.

Б: 그러면 저기 빵집 앞에 세워 주세요.
[кыромён чёги ппанчжип апе сэво чусэё.]
Тогда остановите перед булочной.

Словарь

사거리 [сагори] перекрёсток

우회전 [ухвечжон] поворот направо

빵집 [ппанчжип] хлебный магазин

5 | Пересядьте на третью линию на станции Чонно Сам-га.

종로 3가에서 3호선으로 갈아타세요.

Для того, чтобы спросить дорогу у прохожего, Вы можете использовать выражение "실례합니다. 길 좀 묻겠습니다." [щиллехамнида. Киль чжом муткессымнида.] Для того, чтобы узнать, как пройти до нужного Вам места, Вы можете спросить "○○에 어떻게 가요?" [оо-э оттокхе гаё?]. Так как в Сеуле 8 веток метро, можно довольно легко добраться до большинства мест. Для того, чтобы объяснить, как можно пересесть на другую линию, используйте фразу "○○에서 ○호선으로 갈아타세요." [оо-эсо о-хосоныро каратхасэё.]

Грамматика — 명사(Сущ.)+(으)로

Выражает направление или средство. К существительным, оканчивающимся на согласную присоединяется '으로', к существительным, оканчивающимся на гласный и 'ㄹ' – '로'.

Пример

이쪽으로 오시겠어요? [ицогыро ощигесоё?]
Не пройдёте сюда?

러시아로 여행을 가려고 합니다. [рощиаро ёхэныль карёго хамнида.]
Я хочу поехать в Россию.

사무실로 연락 부탁드립니다. [самущилло ёлак путхактыримнида.]
Прошу сообщить в офис.

MEMO

❧ **Пример.**

А: 실례합니다. 길 좀 묻겠습니다.
[щиллехамнида. Киль чжом муткессымнида.]
Извините, можно спросить дорогу?

경복궁에 어떻게 가요? [кёнбуккунэ оттокхе гаё?]
Как пройти к дворцу «Кенгбуккун»?

Б: 지하철 타고 가시면 돼요.
[чхихачжёль тхаго кащимён двэё.]
Можно добраться на метро.

경복궁 역에서 가까워요. [кёнбуккун ёгесо каккавоё.]
Дворец находится рядом со станцией.

А: 경복궁 역이 지하철 1호선인가요?
[кёнбуккун ёги чхихачёль 1хосонингаё?]
Дворец «Кенгбуккун» находится на 1 линии?

Б: 아니요, 3호선이에요. [аниё, самхосониеё.]
Нет, на третьей.

종로 3가에서 3호선으로 갈아타세요.
[чжонно самга-эсо самхосоныро каратхасэё.]
На станции Чонно сам Га надо пересесть на третью линию.

А: 네, 고맙습니다. [нэ, комапсымнида.]
Спасибо.

Словарь

묻다 [мутта] спрашивать

지하철 [чхихачхоль] метро

갈아타다 [каратхада] пересаживаться

읽기 자료 | Поезд-экспресс KTX
KTX 고속철도

Проект по строительству Корейского Скоростного Поезда был начат в июне 1992 года, а в 1994г. правительство выбрало модель французского поезда-экспресса Almston TGV over Germany's ICE.

На первоначальном этапе, скоростная линия, связывающая Сеул и Дэгу, была закончена в начале 2004г. Местные линии в Дэчжоне и Дэгу, а также железная дорога Кюнбу были электрофицированы для соединения двух метрополитенов, таких как Сеул и Пусан 1-го апреля 2004 года.

Скоростная железная дорога Хонам была открыта одновременно со скоростной дорогой Кюнбу. Это дало возможность путешествовать между Сеулом и Дэчжоном, используя скоростную дорогу Кюнбу. Путешествие на экспресс-поезде до Гванчжу, Иксан, и Мокпо стало возможным после усовершенствования уже существовавшей Хонамской железной дороги, экспресс был запущен 1 апреля 2004 г.

С апреля 2005 года все рейсы, идущие по скоростной дороге Кюнбу начали отправляться со станции Сеул, а поезда, идущие по линии Хонам со станции Йонсан. KTX развивает скорость до 300 км. в час, что сокращает время путешествия от Сеула до Дэгу до 1 часа 40 минут.

5

Достопримечательности и поход по магазинам.

관광과 쇼핑하기

1 Не сфотографируете ли Вы нас?
사진 좀 찍어 주시겠어요?

2 Сегодня вечером посмотрим вместе кино?
오늘 저녁에 같이 영화 보러 갈래요?

3 Сколько это стоит?
이것은 얼마입니까?

4 Могу ли я примерить это?
한번 입어 봐도 될까요?

5 Путешествие было интересным?
여행은 재미있으셨어요?

1 | Не сфотографируете ли Вы нас?
사진 좀 찍어 주시겠어요?

Путешествуя по Корее, даннчю фразч удобно для использования в том случае, когда Вам нужно попросить кого-нибудь сфотографировать Вас и Ваших друзей. В таком случае, Вы можете использовать следующее выражение: "사진 좀 찍어주시겠어요?" [садин чом чигочущигессоё?]. Конструкция "-어/아 주시겠습니까?" [о/а чущигессымникка?] является вежливой формой речи. Корейцы вместо слова «чиз» [улыбку, (изюм)] используют слово «кимчхи» для того, чтобы призвать улыбнуться в объектив. Почему бы не попробовать употребить данную фразу в следующий раз, когда Вы будете фотографироваться?

Грамматика 동사(глагол)+아/어 주다

'–아/어 줍니다/줘요' обозначает оказание помощи в чем-либо. При обращении к вышестоящему или более старшему человеку вместо '줍니다'' используется '드립니다'. Также данная форма используется, когда необходимо что-либо попросить. '–아/어 주세요/주십시오/주시겠어요?/주시겠습니까?'.

Пример

외국인에게 길을 가르쳐 주었어요.
[вэгугинэге кирыль карычжё чуосоё.]
Подсказал дорогу иностранцу.

다시 한 번 말씀해 주시겠어요?
[таси хан бон мальсымхэ чусигесоё?]
Скажите, пожалуйста, еще раз.

여행하기 좋은 곳을 추천해 주세요.
[ёхэнхаги чоын госыль чхучхонхэ чусеё.]
Посоветуйте хорошие места для путешествий.

제가 도와 드리겠습니다.
[чега това тыригесоё.]
Я помогу Вам.

MEMO

Пример.

А: 저, 실례지만 사진 좀 찍어 주시겠어요?
[Чо, щиллехаджиман саджин чом циго чжущигессоё?]
Извините, не могли бы Вы сфотографировать нас?

Б: 네, 좋아요. [Нэ, чховаё.]
Конечно, с удовольствием.

А: 여기에서 찍어 주세요. 이 건물 앞에 서 있을게요.
[Ёгиэсо циго чусеё. И конмуль апе со исылькеё.]
Сфотографируйте нас здесь. Мы станем у этого здания.

Б: 네, 웃으세요. 김치~.
[Нэ, усысэё. «Кимчхи~».]
Хорошо, улыбаемся, скажите: «Кимчхи!».

А: 김치~, 감사합니다.
[кимчхи! камсахамнида.]
Кимчхи! Спасибо.

Словарь

사진 [садин] фотография

건물 [конмуль] здание

2 | Сегодня вечером посмотрим вместе кино?

오늘 저녁에 같이 영화 보러 갈래요?

Предлагая пойти вместе посмотреть кино, можно использовать такую фразу, как: '오늘 저녁에 같이 영화보러 갈래요?'. Чтобы узнать желает ли собеседник что-либо сделать вместе, может быть использована следующая форма: '-(으)ㄹ래요?' [-ыллеё?], например, в таких фразах, как «Не хотите ли Вы поужинать сегодня вместе?» или же «Не хотите ли Вы сегодня вместе выпить?», а также «Какой жанр кино Вы предпочитаете?», которые являются способами уточнения, что бы хотел сделать собеседник.

동사(Глагол)+(으)러 가다/오다/다니다

Выражает цель или намерение. Глагол, идущий сразу после '(으)로' обозначает перемещение. Глагол, идущий впереди не может склоняться во времени.

Пример

한국말을 배우러 한국에 왔어요.

[хангукмарыль пэуро хангугэ вассоё.]

Я приехал в Корею, чтобы изучать корейский язык.

비빔밥을 먹으러 한국 식당에 갔습니다.

[пибимпабыль могыро хангук щиктаныро кассымнида.]

Пошли в корейскую столовую, что бы поесть пибимпаб.

편지를 부치러 우체국에 가요.

[пхёнджирыль пучхиро учхегугэ каё.]

Иду на почту, что бы отправить письмо.

MEMO

✤ Пример.

А: 오늘 저녁에 같이 영화 보러 갈래요?
[Оныль чонёге качхи ёнхва поро каллеё?]
Сегодня вечером посмотрим вместе кино?

Б: 좋아요. 빅토르 씨는 어떤 영화를 좋아하세요?
[Човаё. Викторы щинын оттон ёнхварыль човахасэё?]
Хорошо. Какие фильмы Вы любите, Виктор?

А: 저는 액션 영화를 좋아해요. 안나 씨는요?
[Чонын экщён ёнхварыль човахеё. Аннащинынё?]
Мне нравятся боевики. А Вам, Анна?

Б: 저는 코미디 영화를 좋아해요.
[Чонын кхомиди ёнхварыль човахеё.]
Я люблю комедии.

А: 공포 영화는 어때요? [Конгпхо ёнхванын оттэё?]
А как насчёт фильмов-ужасов?

Б: 공포 영화는 무서워서 싫어요.
[Конгпхо ёнхванын мусовосо сироё.]
Я не люблю ужасы, потому что страшно.

Словарь

오늘 저녁 [оныль чонёг] сегодняшний вечер

같이 [качхи] вместе

영화 [ёнхва] кинофильм

무서운 [мусоун] страшный

싫다 [щильтха] не любить.

3 | Сколько это стоит?
이것은 얼마입니까?

Знание основных выражений, связанных с походом по магазинам, является довольно необходимым, если Вы живете заграницей. Если Вы хотите поинтересоваться о цене товара, то Вы можете использовать такие выражения, как: '얼마입니까?' [ольмаимникка?], '얼마예요?' [ольмаеё?] или '이 옷은 얼마입니까?' [и осын ольмаимникка?]. Хотя первая фраза немного вежливей, чем вторая, это не имеет большого значения, когда Вы делаете покупку.

Грамматика 동작동사(Глагол действия)+아/어 보다

Используется для выражения попытки сделать что-либо или выражения участия в каком-либо событии. Временные суффиксы '–었–', '–겠–' присоединяются к конечному глаголу '보다'. Используя '–아/어 보세요/보십시오/봅시다', мы предлагаем собеседнику сделать что-либо.

Пример

한국 음식을 꼭 먹어 보고 싶어요.
[хангук ымщигыль кок мого пого щипхоё.]
Обязательно хочу попробовать корейские блюда.

한번 입어 보시겠어요? [ханбон ибопощигесоё?]
Не попробуете ли примерить?

다시 한 번 잘 들어 보세요.
[тащи хан бон чаль тыро посэё.]
Послушайте еще один раз.

처음 한국에 왔을 때 설악산에 가 봤어요.
[чхоым хангугэ вассыль тэ сораксанэ кабассоё.]
Приехав в первый раз в Корею, я съездил на Сораксан.

МЕМО

◦∞◦ Пример.

А: 이 옷은 얼마입니까? [И осын ольмаимникка?]
Сколько стоит эта одежда?

Б: 이 옷은 이만 오천원입니다.
[И осын иман очхонвонимнида.]
Эта одежда стоит 25.000 вонов.

А: 가격이 싸군요. 디자인이 참 마음에 들어요.
[Кагёги сагунё. Диджаини чам маыме тыроё.]
Цена невысока. Дизайн очень нравится

Б: 입어 보시겠습니까? [Ибо пощигессымникка?]
Примерите?

А: 네, 좋습니다. [Нэ, чосымнида.]
Хорошо.

Словарь

옷 [от] одежда

가격 [кагёк] цена

싼 [ссан] дешёвый

읽기
자료

Корейская валюта
한국 돈

Название корейской валюты — Вон, которая изображается символом «₩». Используются монеты ценностью в ₩10, ₩50, ₩100 и, ₩500 Вон; купюры - ₩1000, ₩5000 и ₩10000. Курс обмена зависит от изменения курса валют.

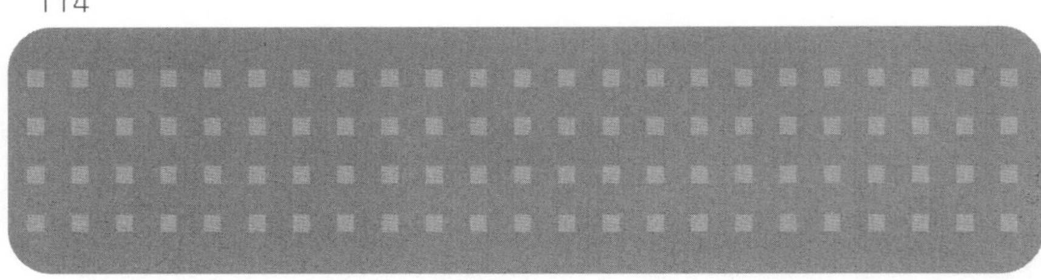

Основные кредитные карты, такие как Visa, American Express, Diners Club, Master Card и JSB широко используются в гостиницах, больших ресторанах, универмагах и небольших магазинах.

4 | Могу ли я примерить это?
한번 입어 봐도 될까요?

Иногда бывает неудобно примерять вещи в магазинах, где нет надлежащих примерочных. В таких случаях получается так, что Вы просто покупаете вещь, не примеряя её, а придя домой обнаруживаете, что она Вам не подходит. Независимо от того где Вы находитесь, лучше примерять всё, что Вы хотите купить. Вы всегда можете попросить вежливо улыбаясь: '한번 입어 봐도 될까요?' (ханбон ибо пвадо дэльккаё?), и большинство продавцов с удовольствием помогут подобрать то, что Вам подходит.

Сущ. + '–(이)ㄴ데요', глагол действия + '–는데요', глагол состояния (прилагательное) + '–(으)ㄴ데요'

Данное окончание используется для передачи говорящим своего состояния или мысли. После существительного используется '(이)ㄴ데요', с глаголом действия используется '–는데요', с глаголом состояния, соответственно, используется '–(으)ㄴ데요'.

Пример

거기 나탸샤 씨 집입니까? 네, 전데요.

[коги Наташа щи чжибимника? Еэ, чдондэё.]

Это дом Наташи? Да, это я.

이 옷이 아주 예쁜데요.

[И ощи ачжу йеппындэё.]

Эта одежда очень красива.

사장님이 아까 전화하셨는데요.

[Сачжанними акка чжонахащенындэё.]

Директор только что звонил.

저는 러시아 사람인데요.

[Чжонын рощиасараминдэё.]

Я – русский(ая).

МЕМО

🙰 Пример.

А: 어서 오세요. [Осо осеё.]
Добро пожаловать.

Б: 검은색 양복을 찾는데요.
[Комынсек янбокыль чаннындеё.]
Я ищу костюм темного цвета.

А: 이건 어뗘세요? [Игон оттосеё?]
Как насчет вот этого?

Б: 괜찮네요. 한번 입어 봐도 될까요?
[Кенчаннеё. Ханбон ибо падо твельккаё?]
Хорошо. Можно ли примерить?

А: 그럼요, 이쪽으로 오세요.
[Кыромнё, ичогыро осеё.]
Конечно. Пожалуйста, пройдите сюда.

Словарь

검은색 [комынсег] черный

　　　　　[тёмный] цвет

양복 [янбок] костюм

찾다 [чатта]] искать

입어보다 [ибопода] примерять

5 | Путешествие было интересным?
여행은 재미있으셨어요?

Слово '재미있다' [чемиитта] — интересный, может быть сложным в изучении для иностранцев, потому что оно имеет много значений. Оно может быть использовано когда мы говорим о фильме или книге, занятии спортом, путешествии, или испытываем удовольствие в повседневной жизни. В итоге, может быть задан вопрос "재미있으세요?" [чемииссысеё?] — «Вам интересно?», или "재미있으셨어요?" [чемииссыщёссоё?]- «Вам было интересно?», в зависимости от ситуации.

Кореец может спросить у иностранца "Жизнь в Корее интересна?"

Грамматика — 동사(Глагол)+았/었-

В корейском языке время разделяется на прошедшее, настоящее и будущее. Прошедшее время образуется путем присоединения '-았/었-' к основе глагола. Если в конце основы стоит гласная 'ㅏ' или 'ㅗ', то присоединяется '-았-', а если другие гласные - '-었-'. Но, в случае с глаголом '하다', прошедшая форма будет образовываться иначе: '-했-' или '하였-'. В официальной форме речи: '-았/었습니다, -했습니다', в неофициальной форме - '-았/었어요, -했어요'.

Пример -았-

지난 주말에 소포를 받았어요.
[Чжинан чжумаре сопорыль падассаё.]
На прошлых выходных получил(а) посылку.

서점에서 책을 샀습니다.
[Сочжомесо чегыль сассымнида.]
В книжном магазине купил(а) книгу.

Пример -었-

친구들과 점심을 먹었습니다
[Чхингудыльгва чжомщимыль могоссымнида.]
Пообедал(а) с друзьями.

저 식당 음식이 맛있었어요.
[Чжо щиктан ымщиги мащиссоё.]
В той столовой хорошо готовят.

한국어를 어디에서 배웠어요?
[Хангугорыль одиесо певоссоё?]
Где Вы выучили корейский язык?

Пример -했-

어제 오후에 뭘 했어요? [Очже охуе моль хессоё?]
Что Вы делали вчера во второй половине дня?

어제 시험 공부를 열심히 했습니다.
[Очже щихом гомбурыль ёльщими хессымнида.].
Вчера я усердно говтовился (-лась) к экзаменам.

제 생일에 손님을 초대했어요.
[Чэе сенире соннимыль чодехессоё.]
Я пригласил(а) гостей на свой День рождения.

⚮ Пример.

А: 제주도 여행은 재미있으셨어요?
[Чеджудо ёхенын чемииссысёссоё?]
Путешествие на Чеджудо было интересным?

Б: 아주 좋았어요. [Аджу човассоё.]
Было очень хорошо.

А: 날씨는 어땠어요? [Нальсинын оттэсоё?]
Как было с погодой?

Б: 별로 춥지 않아서 여행하기에 좋았어요.
[Пёллё чупчи анасо ёхенхаги човассоё.]
Было не особо холодно, поэтому путешествовать было хорошо

А: 제주도가 아주 아름다운 섬이지요?
[Чеджудога аджу арымдаун сомиджиё?]
Чеджудо очень прекрасный остров, не правда ли?

Б: 정말 환상적인 섬이었어요.
[Чонмаль хвансанчогин сомиёссоё.]
Это действительно экзотичный остров.

Словарь

날씨 [нальсси] погода

춥다 [чупта] холодно

아름답다 [арымдапта] прекрасный

섬 [сом] остров

환상적인 [хвансанчогин] фантастичный, экзотичный.

읽기
자료 | # Остров Чжечжу
제주도

Чжечжу, площадью в 1847 кв. км и населением 553.864 чел., располагается на юге Южной Кореи. Расстояние от Пусана до острова – 286,5 км. Остров Цусима находится в 255 километрах на восток. Между Корейским проливом и Чжечжу расположены острова Цусима и Нагасаки кен Кюши на востоке, на западе – Шанхай, Китай, на севере – Восточное Китайское море.

Остров Чжечжу считается соединительным мостом между Азиатским континентом, Россией, Китаем, Японией и Юго-Восточной Азией. Красота Чжечжу - это природный дар, который привлекает туристов со всего мира. Гора Халла, расположенная в центре острова - это сокровищница 1800 видов растений и диких животных, таких как например дикий олень. Являясь местом, где проводятся саммит-заседания между Кореей и Японией, остров привлекает внимание туристов.

6

Разговор по
телефону, почта.

전화와 우편 이용하기

1 Алло?
여보세요?

2 Это квартира Виктора?
거기 빅토르 씨 집이지요?

3 Вы не туда попали.
잘못 거셨습니다.

4 Передайте, что звонил Чольсу.
철수라고 전해주세요.

5 Я хотел бы отправить посылку срочной почтой.
빠른 우편으로 보내주세요.

6 Чем я могу Вам помочь? (Какова цель Вашего визита?)
어떻게 오셨어요?

1 | Алло?
여보세요?

Всегда сложнее разговаривать по телефону. Причиной в основном является отсутствие невербального общения. Фраза "여보세요?" [ёпосеё?] изначально использовалась для того, чтобы привлечь внимание собеседника, особенно при вопросе илипросьбе. Сейчас большинство людей используют эту фразу для начала телефонного разговора. В следующий раз, когда Вы будете отвечать на звонок, попытайтесь сказать "여보세요?".

Грамматика 동사(Глагол)+아/어서(이유 причина)

В первой части предложения дается причина тому, о чем говорится во второй части. Перед данной конструкцией нельзя использовать суффикс(предшествующее окончание) прошедшего времени, а во второй половине предложения после '–아/어서' нельзя использовать повелительную и побудительную форму. '–아/어서' выражает источник, причину. В случае, если в качестве глагола в первой части предложения выступает глагол-связка '이다', конструкция имеет форму '이라서'.

Пример

저는 약속이 있어서 먼저 갈게요.
[Чжонын яксоги исосо мончжо калькеё.]
У меня встреча, поэтому я пойду вперед.

감기에 걸려서 병원에 갔어요.
[Камгие колесо пёнвоне кассоеё.]
Я простыл(а), поэтому пошел(-ла) в больницу.

피곤해서 일찍 잤어요.
[Пигонесо ильчжик чжассоё.]
Устал(а), поэтому лег(ла) пораньше.

지금은 퇴근 시간이라서 차가 많아요.
[Чжигымын тхэгын щиганирасо чхага манаё.]
Так как сейчас час-пик, машин много.

🙠 Пример.

А: 여보세요! [Ёпосеё!]
Алло!

Б: 여보세요! [Ёпосеё!]
Алло!

А: 이 선생님 계십니까? [И сонсенним кесимникка?]
Могу ли я поговорить с мистером Ли?

Б: 제가 이 선생입니다. [Чега и сонсенимнида.]
Да, я Вас слушаю

А: 안녕하세요? [анненхасеё?]
Здравствуйте!

저는 러시아에서 온 빅토르라고 합니다.
[Чонын рощиаэсо он викторыраго хамнида.]
Меня зовут Виктор, я приехал из России.

선생님을 만나고 싶어서 전화 드렸습니다.
[Сонсеннимыль маннаго сипосо чонха тырёссымнида.]
Я звоню, потому что мне хотелось бы встретиться с Вами.

Б: 아! 안녕하세요? 반갑습니다.
[А! аннёнхасеё? пангапсымнида.]
А! Здравствуйте! Очень рад.

Словарь

○○씨 [щи], ○○님 [ним] М-р или м-с ○○
전화 [чонха] телефон

2 | Это квартира Виктора?
거기 빅토르 씨 집이지요?

Существуют определённые способы определения/выяснения информации. Например, если Вы хотите уточнить время встречи, то Вы спросите "우리 약속 오늘 이지?" [ури яксок оныричжи?] Когда Вы посещаете какое-либо место во второй раз и хотите уточнить то ли это место или нет, Вы можете использовать выражение "거기가 경희 기획이지요?" [когига кёнхи кихвегичжиё?]

명사(Существительное)+(이)지요?/
동사(Глагол)+지요?

Данное окончание используется, когда говорящий спрашивает о согласии слушающего, или ищет подтверждения. Окончание используется в случае, если есть уверенность, что слушающий знает о предмете разговора, либо одинаково думает с говорящим.

Пример

A : 이게 안톤 씨 가방이지요?
B : 네, 맞아요.
[Иге Антон щи кабаничжиё? / Нэ, мачжаё.]
Это ведь сумка Антона? / Да, его.

A : 한국 영화를 좋아하지요?
B : 네, 좋아해요.
[Хангуг енхварыль чоахачжиё? / Нэ, чоахеё.]
Вам же нравятся корейские фильмы? / Да, нравятся.

A : 김치가 좀 맵지요?
B : 네, 조금 맵습니다.
[Кимчхига чжом мепчиё? / Нэ, чжогым мепсымнида.]
Кимчхи немного горьковато, да? / Да. Чуть-чуть.

MEMO

❧ Пример.

А: 여보세요. 거기 빅토르 이바노브 씨 집이지요?
[Ёпосеё коги викторы ивановы щи чибиджиё?]
Алло! Это квартира Иванова Виктора?

Б: 네, 그런데요. 어디세요? [Нэ, кырондеё?]
Да, кто говорит?

А: 저는 빅토르 씨 친구 철수인데, 빅토르 씨 있어요?
[Чонын викторы щи чингу чольсуинде виктор щи иссоё?]
Я друг Виктора – Чольсу. Виктор дома?

Б: 철수 씨예요? 저 빅토르예요. 무슨 일이에요?
[чольсуиеё? чо викторыеё. мусын ириеё?]
Это Вы Чольсу? Я – Виктор. Что случилось?

А: 오늘 약속 시간이 6시30분 맞지요?
[Оныль яксок щигани ёсосси самшипбун маччиё?]
Сегодня мы договорились на полседьмого, не так ли?

그런데 제가 30분쯤 늦을 것 같아서요.
[кыронде чега самщипбунчым ныджыль кот катасоё.]
Однако, я наверно опаздаю минут на 30.

Б: 그래요? 그러면 7시까지 오세요. 저도 그 시간에 맞춰서 갈게요.
[кыреё? кыромён ильгопщикаджи осеё. чодо кы щиган
мачёсо калькеё.]
Да? Тогда приходите к семи. Я тоже подойду к тому времени.

Словарь

집 [чип] дом

친구 [чингу] друг

약속 [яксок] договор, встреча, обещание

늦다 [нытта] опоздать

3 | Вы не туда попали.
잘못 거셨습니다.

Существует много случаев, когда Вы принимаете звонки от людей, которые ошиблись номером. Когда это происходит, звонящие обычно удивляются и просят прощения, а ответчики немного чувствуют себя потревоженными, а иногда даже раздраженными. Если Вы ответчик, лучшее в этой ситуации сказать "잘못 거셨습니다." [чальмот косёссымнида.] Если такой звонок повторяется чаще одного раза, то Вам следует посоветовать звонящему проверить номер, по которому он или она звонит фразой "전화번호를 다시 확인해 주십시오." [чжонабонорыль тащи хвагинэ чущипщио].

Грамматика 동사(Глагол)+(으)시-

Окончание (суффикс), которое возвышает того, о ком идет речь или к кому обращаются. Присоединяясь к основе глагола, показывает уважение к собеседнику. Если основа глагола заканчивается на согласную, то присоединяется '-으시-', а если на гласную - '-시-'. В настоящем времени '-(으)십니다 / (으)세요', в прошедшем - '-(으)셨습니다 / (으)셨어요.'. Но некоторые глаголы являются исключениями, в таких случаях, вместо '-으시-' используется другой глагол.

Пример

아버지께서 제 얘기를 듣고 웃으셨어요.
[Абочжикесо чэе егирыль тытко усыщессоё.]
Отец, выслушав мой рассказ, засмеялся.

선생님께서 우리집에 오셨습니다.
[Сонсеннимкесо уричжибе ощёссымнида.]
Учитель пришёл к нам домой.

부모님께서 편지를 보내셨어요.
[Пумонимкесо пхенчжирыль понещессоё.]
Родители отправили письмо.

맛있게 드세요. [Мащикке тысеё.]
Приятного аппетита.

먹다 → 드시다/잡수시다 есть

자다 → 주무시다 спать

있다 → 계시다 находиться

❧ **Пример.**

А: 거기 경희대학교 국제교육원 맞지요?
[коги кенгхитехаккё кукчекёюквон маччиё?]
Это Международный Центр Образования университета
Кенгхи?

Б: 아니요, 잘못 거셨습니다.
[аниё, чальмот косёссымнида.]
Нет, Вы не туда попали.

А: 저, 죄송한데 961-0081번 아닌가요?
[чо, чесонханде ку-юк-ире-кон-кон-париль бон анингаё?]
Ой, извините, это не 961-0081?

Б: 여기는 962-0081번입니다.
[егинын ку-юк-ие-кон-кон-паль-иль бонимнида.]
Это 962-0081.

Словарь

전화번호 [чонхабонхо] номер телефона
대학교 [техаккё] университет

4 | Передайте, что звонил Чольсу.
철수라고 전해주세요.

Одной из главных составляющих телефонного разговора является представление собеседников. Выражение "저 ○○인데, ○○씨 계세요?" [чо оо-индэ, оощи-кесеё?](Это **, а **дома?) обычно используется для того, чтобы представить себя. Фраза '○○라고 전해 주세요' (Передайте, что это **) часто используется в качестве ответа на вопрос. Выражение "메모 남겨 드릴까요?" [мемэ намгё тырильккаё?] (Что-нибудь передать?) применяется в случаях, когда кто-то намеревается оставить сообщение, например, "내일 도착한다고 전해 주세요." [неиль точхакхандаго чжоне чусеё.] (Передайте, пожалуйста, что я приезжаю завтра.), "늦지 말라고 전해 주세요." [нытчи маллаго чжоне чусеё.] (Скажите ему пожалуйста, чтобы он не опаздывал.)

동사(Глагол)+(ㄴ/는)다고 하다

Косвенная речь в повествовательной форме. К глаголам действия + 〈(ㄴ/는)다고 합니다〉, к прилагательным + 〈-다고 합니다〉. В разговорчной речи используется сокращенная форма 〈-답니다/대요〉. Форма 〈-이다, -이/가 아니다〉 преобразуется в 〈-이라고 하다, -이/-가 아니라고 하다〉.

Пример

제주도에는 지금 눈이 온다고 해요(온대요).
[Чжечжудое чжигым нуни ондаго хеё.]
Говорят, что на о. Чжечжу идет снег.

한식이 아주 맛있다고 합니다(맛있답니다).
[Ханщиги ачжу мащиттаго хамнида(мащиттамнида).]
Говорят, что корейская кухня очень вкусная.

저는 안톤이라고 합니다. 재만 씨 있나요?
[Чжонын антонираго хамнида. Чжеман щи иннаё?]
Меня зовут Антон. А Чжеман дома?

MEMO

❧ Пример.

А: 여보세요! [ёбосеё!]
Алло!

Б: 여보세요! [ёбосеё!]
Алло!

А: 저, 철수 씨 계십니까? [чо, чольсу кесимникка?]
Можно Чольсу?

Б: 아니요, 외근 중이신데요. 메모를 남겨 드릴까요?
[аниё, вегын чунищиндеё. меморыль намгё тырилькаё?]
Его нет, он вышел. Что-нибудь передать?

А: 아, 네. 친구 재만이라고 전해주세요.
[а, е. Чингу чеманираго чонхечусеё.]
А, да. Передайте, пожалуйста, что звонил его друг Чеман.

Словарь

외근 [вегын] работа на улице, вне учреждения

메모 [мемо] записка

남기다 [техаккё] оставлять

5 | Я хотел бы отправить посылку срочной почтой.

빠른 우편으로 보내주세요.

В основном, существует два типа почты: обычная и срочная (экспресс почта). Экспресс почта очень полезна, когда Вам необходимо отослать Вашу почту как можно быстрей. Обычно, когда Вы отправляете срочной почтой или экспресс-почтой получатель должен расписаться, что позволяет отправителю с легкостью проверить была ли почта доставлена по назначению. Когда Вы отправляете письмо на почте, необходимо указать как бы Вы хотели, что бы она была доставлена: обычной или срочной почтой.

Грамматика   동사(Глагол)+(으)니까

Данное окончание выражает в первой части предложения причину того, что следует во второй части. Во второй части предложения используется, в основном, повелительная или побудительная форма. Предшествующее окончание(суффикс) времени может использоваться перед окончанием '–(으)니까'. '–(으)니까' используется в качестве причины, обычно как результат мыслей говорящего или исходя из его опыта.

Пример

날씨가 추우니까 두꺼운 옷을 준비하세요.
[Нальщига чууника тчккоун осыль чунбихасеё.]
Так как погода холодная, приготовьте теплую одежду.

오늘은 몸이 안 좋으니까 다음에 만납시다.
[Онырын моми ан чхоыника таыме маннабщида.]
Я сегодня себя плохо чувствую, давайте встретимся в другой раз.

다음 주에 시험이 있으니까 열심히 공부하십시오.
[Таым чжуе щихоми иссыника ёльщими комбухасеё.]
На следующей неделе экзамен, поэтому занимайтесь усердно.

MEMO

❧ Пример.

A: 편지를 보내고 싶은데요. [пенджирыль понего сипындеё.]
Я хотел бы отправить письмо.

Б: 어떻게 보내실 건데요? [оттоке понесиль кондеё?]
Как будете отправлять?

A: 익일특급으로 보내주세요. 얼마나 걸릴까요?
[Игильтвкыпыро понечусеё. ольмана колилькаё?]
Пожалуйста, срочной. За какой срок дойдет?

Б: 서울 시내니까 늦어도 내일 오전 중에는 들어갈 거예요.
[соуль щиненикка ныджодо неиль оджон чуненын
тырогаль коеё.]
Поскольку с центра Сеула, самое позднее – завтра до
обеда.

Словарь

편지 [пенджи] письмо

보내다 [Понеда] отправлять, посылать

익일특급 [Игильтыккып] срочный (в тот же день)

얼마나 [Ольмана] сколько, насколько, как, каков

늦어도 [Ныджодо] даже с опозданием, самое позднее

내일 [Неиль] завтра

오전 [оджон] промежуток времени с рассвета до полудня,
утро, первая п--оловина дня

6 Чем я могу Вам помочь? (Какова цель Вашего визита?) 어떻게 오셨어요?

Иностранцы часто испытывают неловкость при общении с корейцами. Таким примером может послужить ситуация, когда корейцы спрашивают "어떻게 오셨어요?"[оттокхе ощёссоё?]. Это выражение может быть дословно переведено, как «Как Вы попали сюда?», что в свою очередь побуждает говорящего ответить, что он приехал на метро. В любом случае, если Вы посещаете какое-либо место и Вам задают этот вопрос, Вам следует ответить по какой причине Вы пришли. Например, «Я пришел встретиться с господином **». "○○씨를 만나러 왔습니다."[** щирыль маннаро вассымнида.] Или «Я пришел для того, что бы…». "○○ 하러 왔습니다."[**ыль харо вассымнида.]

동사(глагол)+(으)ㄹ 거예요

Выражает планы, намерение, предположение говорящего. Если подлежащее 1-го лица, а глагол является глаголом движения, окончание как правило выражает намерение говорящего, если глагол состояния, оно выражает предположение говорящего. Также и в случае, если подлежащее в 3-ем лице, как правило, выражает предположение говорящего.

Пример

주말에는 친구를 만날 거예요.
[чумаренын чингурыль манналь коеё.]
На выходных встречусь с друзьями.

안톤 씨는 지금 학교에 있을 거예요.
[антон щинын чигым хакёе исыль коеё.]
Антон скорее всего сейчас в школе.

제냐 씨는 조금 늦게 도착할 거예요.
[женя щинын чогым ныкке точакхаль коеё.]
Женя наверно немного позже приедет.

МЕМО

Пример.

А: 안녕하세요. 어떻게 오셨어요?
[анненхасеё. оттоке ощёссоё?]
Здравствуйте, чем могу Вам помочь?

Б: 소포를 보내려고 하는데요. [сопорыль понерёго ханындеё.]
Я хотел бы отправить посылку

А: 어디로 보내실 거예요? [одиро понещиль коеё?]
Куда бы Вы хотели отправить посылку?

Б: 러시아 모스크바예요. [рощиа москваеё.]
В Россию, Москву.

А: 소포를 저울 위에 올려놓으세요.
[сопорыль чоуль вие олёноысеё.]
Положите посылку на весы.

Словарь

소포 [сопо] посылка

저울 [чоуль] весы

~위에 [вие] на, сверху.

읽기 자료 | Международный звонок
국제전화 거는 법

Звонок за границу из Кореи. Сначала узнайте код страны и наберите его вместе с кодом компании по международным звонкам. Компании предлагают различные скидки, варьирующиеся в зависимости от времени звонка, поэтому выберите подходящую Вам компанию.

001/002/00700/00365··· (Код международных звонков.) + код страны + код местности + номер телефона.

7

В ресторане.
식당 이용하기

1 Что Вы будете заказывать?
무엇을 드시겠습니까?

2 Доставьте, пожалуйста, три порции пибимпап.
비빔밥 세 그릇 배달해 주세요.

3 Приятного аппетита.
많이 드세요.

4 Спасибо за угощение.
잘 먹었습니다.

5 Дайте, пожалуйста, еще салатов.
반찬 좀 더 주세요.

6 Я очень хорошо поел.
많이 먹었습니다.

1 | Что Вы будете заказывать?
무엇을 드시겠습니까?

В корейском языке есть выражение "금강산도 식후경", которое означает, что прежде чем что-либо сделать, необходимо поесть, даже если Вам выпадает шанс посетить гору Кымган, одну из самых знаменитых гор Кореи и всей Азии своей красотой. Очень полезно знать и посещать хорошие рестораны, известные своей кухней и отвечающие особенностям той или иной местности. Это всегда хорошая идея попробовать новые блюда и расширить свой кулинарный кругозор.

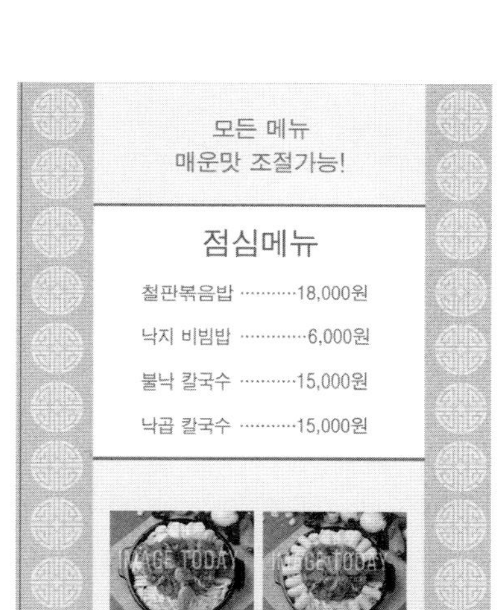

Когда Вы идете в ресторан и заказываете что-либо, официант задает вопрос "무엇을 드시겠습니까?"[муосыль тыщигессымникка?], который означает, «Что бы Вы хотели заказать?» Вы можете ответить официанту, что Вы хотели бы поесть '1인분'[иринбун] - одну порцию, '2인분'[иинбун] - две порции, '3인분'[саминбун] - три порции и т.д. Вопрос "주문하시겠습니까?"[чумунхашигессымника?], означающий «Вы будете заказывать?», также обычно используется когда спрашивают о Вашем заказе.

명사(Существительное)+을/를

을/를 (ыль/рыль) – окончание винительного падежа. К существительным, оканчивающимся на согласную прибавляется окончание –을(-ыль), к существительным, оканчивающимся на гласную –를(-рыль).

Пример

누구를 기다립니까? [нугурыль кидаримникка?]
Кого ждете?

텔레비전을 봐요. [телебиджоныль паё.]
Смотрю телевизор.

저는 운동을 좋아해요. [чонын ундоныль чоахеё.]
Я люблю спорт.

무엇을 드시겠습니까? [муосыль тысигесымникка?]
Что будете заказывать.

MEMO

Пример.

А: 어서 오세요. 여기에 앉으세요. [осо осеё ёгие анджисеё.]
Добро пожаловать. Садитесь сюда.

Б: 식당이 참 깨끗하군요. [щигтани чам кеккытхагунё.]
Как у Вас в столовой чисто!

А: 감사합니다. 무엇을 드시겠습니까?
[камсахамнида. муосыль тыщигессымника?]
Спасибо. Что Вы будете заказывать?

Б: 불고기 3인분을 주십시오.
[пулькоги сам инбуныль чусипсио.]
Принесите, пожалуйста, 3 порции пулькоги.

А: 예, 알겠습니다. [е, альгессымнида.]
Хорошо, понятно.

Словарь

앉다 [анта] садиться

식당 [щигтан] столовая

참 [чам] очень

2 | Доставьте, пожалуйста, три порции пибимпап.
비빔밥 세 그릇 배달해 주세요.

Заказывая какое-либо блюдо, следует узнать, есть ли подходящие рестораны и делают ли они доставку на дом. Затем Вам следует сказать свой адрес и заказать то, что Вы хотели, выражением "○○○ 배달해 주세요." [педальхечусеё]. Существуют несколько способов сказать, сколько порций Вы бы хотели заказать. Например, если Вы делаете заказ, упоминая количество людей, Вам необходимо использовать фразу '○인분' (○инбун), как в выражении '김치찌개 2인분' [кимчхициге и инбун] - для двух человек. Заказывая же по количеству тарелок определенное блюдо, Вам необходимо указать количество, используя '○그릇' [кырыт], как в '비빔밥 3 그릇' [пибимпаб се кырыт] - три чашки пибимпаб.

Грамматика 숫자를 셀 때(При счете (цифры))

При счете используются числительные, атрибутивные слова и счетные существительные. Счетные существительные зависят от значения существительных. При счете количества людей используется слово '명' (мён) (학생 다섯 명-хаксен тасот мён) – пять школьников, при подсчете обычных предметов используется слово '개' (ге), (사과 한 개 – сагва хан ге) – одно яблоко, при подсчете листов бумаги используется слово '장' (джан) (종이 한 장 – чони хан джан) – один лист бумаги.

Пример

음료수 한 잔 [ымнёсу хан джан]
Один стакан напитка

선생님 두 분 [сснсенним ту бун]
Два учителя

책 다섯 권 [чек тасот квон]
Пять книг

강아지 일곱 마리 [кангаджи ильгоп мари]
Семь щенков

장미꽃 열두 송이 [чанмикот ёль ту сонги]
Двенадцать роз

MEMO

❧ **Пример.**

А: 여보세요? 거기 서울 식당이지요?
[ёбосеё? коги соуль щигтаниджиё?]
Алло? Это ресторан «Сеул»?

Б: 네, 그런데요. [нэ кырондеё.]
Да, это так.

А: 거기 배달도 하나요? [коги педальдо ханаё?]
Вы делаете доставку на дом?

Б: 네, 배달해 드립니다. [нэ педальдо тыримнида.]
Да, мы доставляем на дом.

А: 여기 회기동 주공아파트 3동 205호인데요, 비빔밥 세 그릇 배달해 주세요.
[ёги хегидон чугонапаты самдон ибекхоиндеё, пибимпап се кырыт педаре чусеё.]
Массив Хеги, микрорайон район Чугон, дом 3, квартира 205.
Пожалуйста, три порции пибимпап.

Б: 감사합니다. 곧 배달해 드리겠습니다.
[камсахамнида. код педаре тыригессымнида.]
Спасибо. Скоро доставим.

Словарь

배달 [педаль] доставка
곧 [кот] скоро

3 | Приятного аппетита.
많이 드세요.

Сложно перевести корейское выражение "많이 드세요." [мани тысэё]. Корейцы считают, что невежливо, когда еды мало, поэтому обычно готовят большое количество еды, приглашая гостей на вечеринку или какое-либо другое мероприятие. Таким образом, выражение "많이 드세요." [мани тысэё] означает, что хозяйка приготовила много еды для гостей.

음운 규칙(Изменение фонемы)

A. Если после конечных звуков слога 'ㄴ, ㅁ, ㅇ, ㄹ' идет звук 'ㅎ', то произношение звука 'ㅎ' ослабевает и как следует не произносится.

Пример

안톤 씨, 전화[저놔] 받으세요. [Антон Щи чона падысеё.]
Антон, подойдите к телефону.
은행[으냉]에 다녀오겠습니다. [ынене танёогессымнида.]
Схожу в банк

B. При соединении частиц, начинающихся на гласный звук с глаголом, у которого конечные звуки 'ㅎ, ㄶ, ㅀ', звук 'ㅎ' не произносится. Поэтому слова '좋아해요'[чохахеё], произносится [조아해요] - [чоахеё], а '많아요' - [манхаё] как [마나요] - [манаё]

Пример

날씨가 참 좋아요.[조아요] [Нальщига чам чоаё.]
Погода очень хорошая
매운 음식을 싫어해요.[시러해요] [Меун ымщигыль сирохеё.]
Не люблю острую пищу.

MEMO

✎ Пример.

А: 자, 식사하세요. [ча, щиксахасеё.]
Обед готов, давайте есть.

Б: 와! 음식이 너무 맛있겠어요.
[ва! ымщиги ному мащикессоё.]
Ух, ты! Как все аппетитно выглядит.

А: 한국 음식을 좋아하세요? [хангук ымщигыль чоахасеё?]
Вам нравится корейская еда?

Б: 네, 저는 한국 음식을 아주 좋아해요.
[нэ, чонын хангук ымщигыль аджу чоахеё.]
Да, я очень люблю корейскую пищу.

А: 아, 그러세요? 많이 드세요. [а, кыросеё. мани тысеё.]
А, да? Приятного аппетита.

Б: 감사합니다. 잘 먹겠습니다.
[камсахамнида. чаль моккессымнида.]
Спасибо. Поем с удовольствием.

Словарь

음식 [ымщик] еда

4 | Спасибо за угощение.
잘 먹었습니다.

У Вас будет несколько возможностей посетить корейский дом пока Вы живете в Корее. В случае, если Вас пригласили корейцы на совместную трапезу со своей семьей, будет вежливым сказать "잘 먹겠습니다." [чхаль моккессымнида.] перед едой, что дословно означает «хорошо поем». После того, как Вы поедите, по этикету вежливым будет сказать "잘 먹었습니다." [чхаль могоссымнида] или "맛있게 먹었습니다." [мащике могосымнида.]

Грамматика 상태동사(Прилагательное)+게

Частица, образующая наречие из прилагательного

1. Выражает мысли, мнение говорящего. Значение косвенной речи.

Пример

많은 사람들이 그를 가엾게 여긴다.

[манын сарамдыри кырыль каёпке ёгинда.]

Многие жалеют его.

가족이 점점 더 소중하게 느껴진다.

[каджоги чом джом соджунхаге ныккёджинда.]

Все более чувствую(-ет) ценность семьи.

2. Выражает степень, способ. Значение «каким способом», «в какой
   степени».

Пример

맛있게 드세요. [мащикке тысеё.]

Приятного аппетита.(дословно: ешьте вкусно)

다시 한 번 정확하게 이야기해 주세요.

[таси хан бон чонхваге иягихе чусеё.]

Расскажите еще раз поточнее

옷을 아주 싸게 샀어요. [осыль аджу саге сассоё.]

Купил очень дешево одежду

❧ Пример.

А: 맛있게 드세요. [мащикке тысеё.]
Приятного аппетита!

Б: 네, 잘 먹겠습니다. [нэ, чаль моккессымнида.]
Спасибо, с удовольствием поем.

<식사 후> <после еды>

А: 정말 잘 먹었습니다. [чонмаль чаль могоссымнида.]
Действительно вкусно поел.

Б: 특별히 차린 음식도 없었는데, 한국 음식을 좋아하시나 봐요.
[тыкпёри чарин ымщикдо опсонынде, хангук ымщигыль
чоахащина баё.]
Ничего особенного не приготовили. Видно Вы любите
корейскую кухню.

А: 네, 좋아하지만, 오늘은 특히 맛있게 먹었어요.
[нэ, чоахаджиман, онырын тыки мащикке могоссоё.]
Я вообще люблю корейскую еду, но сегодня было
особенно вкусно.

차리다 [чарида] готовить

5 | Дайте, пожалуйста, еще салатов.
반찬 좀 더 주세요.

Oбычный корейский рацион состоит из: (риса '밥'[пап], супа '국'[кук] и салатов '반찬' [пханчхан]). Салаты подаются маленькими порциями. Если Вы хотите добавки, то можете попросить официанта "여기 반찬 좀 더 주세요."[ёги пханчхан чом то чусеё]. Но заказывайте столько, сколько сможете съесть. В некоторых ресторанах есть вывески, которые гласят "반찬은 먹을 만큼만 시키세요." [пханчханын могыль манкхымман сикхисеё.], что означает просьбу не заказывать больше, чем Вы могли бы съесть.

 동작동사(Глагол действия)+(으)ㄹ게요

Заключительное окончание, выражающее намерение или обещание говорящего. Подлежащее должно быть обязательно в 1 лице.

Пример

그럼 내일 오전에 제가 다시 전화할게요.
[кыром неиль оджоне чега таси чонхахалькеё.]
Тогда завтра до обеда я перезвоню

죄송합니다. 다른 것으로 바꿔 드릴게요.
[чесонеё. тарын госыро пакко тырилькеё.]
Извините. Поменяю на другое.

잠시만 기다리세요. 제가 도와 줄게요.
[чамщиман кидарисеё. чега това чулькеё.]
Подождите минутку. Я помогу.

MEMO

✖ Пример.

А: 이 식당은 반찬이 참 맛있네요.

[и щиктанын панчани чам мащиннеё.]

В этой столовой очень вкусные салаты.

Б: 그렇지요? 특히 김치가 아주 맛있어요.

[кырочиё? тыки кимчхига аджу мащисоё.]

Действительно, особенно вкусное кимчхи.

А: 반찬을 조금 더 달라고 할까요?

[панчаныль чогым то таллаго халькаё?]

Попросим еще?

Б: 제가 이야기 할게요. [чега ияги халькеё.]

Я скажу.

아주머니, 여기 반찬 좀 더 주세요.

[аджумони, ёги панчан чом то чусеё]

Девушка, дайте, пожалуйста еще немного салатов.

Словарь

조금 더 [чогым то] еще немного

6 | Я очень хорошо поел.
많이 먹었습니다.

Для корейцев естественно сказать "차린 것은 없지만…"(Еды не так много) своим гостям, даже если приготовленной еды достаточно. Если Вы наелись можно сказать "많이 먹었습니다." [мани могоссымнида]. Корейцы могут непрерывно предлагать добавку своим гостям из-за беспокойства, что некоторые гости могли отказаться от еды, чтобы другие гости тоже могли насытиться.

Грамматика 동사(Глагол)+지만(джиман)

Эта частица, присоединяясь к предыдущей фразе, выражает отрицание или отсутствие связи с последующей фразой. Употребляя частицу «-джиман», говорящий делает акцент на последующей фразе, более чем на предыдущей.

Пример

구름이 많지만 비는 안 올 거예요.

[курыми манчиман пинын ан оль коеё.]

Хотя облачно, дождь наверняка не пойдет.

그 사람은 아직 나이가 어리지만 아주 똑똑해요.

[кы сарамын аджик наига ориджиман аджу токтокеё.]

Этот человек очень умный, несмотря на то, что еще молод.

동대문 시장이 좀 멀지만 물건이 싸고 좋아요.

[тондемун щиджани чом мольджиман саго чоаё.]

Хотя рынок Тондемун находится далеко, вещи на нем дешевые и качественные.

МЕМО

❧ Пример.

А: 차린 것은 없지만 많이 드세요.
[чарин госын опчиман мани тысеё.]
Не так уж много приготовили, но все-равно приятного аппетита.

Б: 정말 음식이 맛있습니다.
[чонмаль ымщиги мащиссымнида.]
Действительно очень вкусно.

А: 감사합니다. 불고기도 드세요.
[камсахамнида. пулькогидо тысеё.]
Спасибо. Пулькоги тоже попробуйте.

Б: 아니에요. 많이 먹었습니다. [аниеё. мани могоссымнида.]
Ой, нет. Наелся.

А: 그럼 후식을 준비하겠습니다. 차는 뭐가 좋으세요?
[кыром хущигыль чунбихагессымнида. чанын мога чоысеё?]
Тогда приготовлю десерт. Какой чай предпочитаете?

Б: 녹차로 주세요. [нокчаро чусеё.]
Я буду зелёный.

Словарь

후식 [хущиг] десерт

차 [ча] чай

읽기 자료 | Этикет за столом
식사 예절

В Корее принято, когда Вы едите со старшими, дождаться пока старший первый возьмет столовый прибор, только после этого Вы можете приступить к трапезе. Также, Вы не должны вставать из-за стола, пока старшие не закончат свою трапезу и не положат столовые приборы.

При употреблении спиртного старшие его разливают. Принимая бокал, Вы должны принять его двумя руками. После этого Вам следует наполнить бокал старшего, опять - таки это следует сделать двумя руками. И Вы никогда не должны курить в присутствии старших.

8

Проблемы со здоровьем.

건강과 질병

1 Я не смог пойти, так как был простужен.
감기 때문에 못 갔어요.

2 Кажется я простыл.
감기에 걸린 것 같아요.

3 У меня болит голова.
머리가 아파요.

1 Я не смог пойти, так как был простужен.
감기 때문에 못 갔어요.

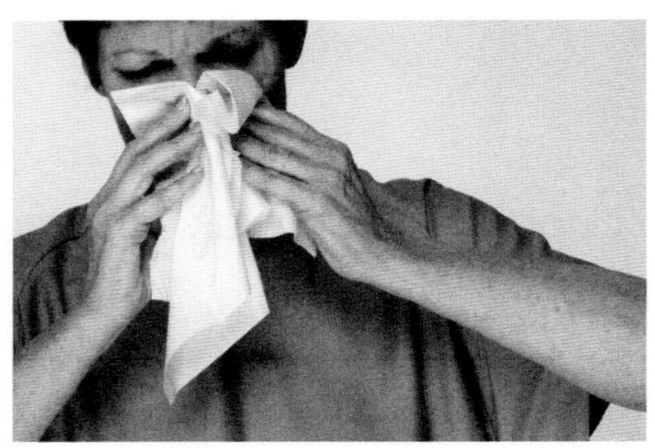

Конструкция '–기 때문에' используется для выражения причины какого-либо действия или поступка. Обычно используется для объяснения отрицательного действия. А конструкция '–덕분에', напротив, используется для выражения признательности(одобрения) по отношению к положительному действию или поступку. Например, если у Вас что-то случилось по вине Вашего друга, Вы скажите '친구 때문에' для объяснения причины, и, наоборот, если случилось что-то хорошее благодаря другу, то '친구 덕분에'. За время пребывания в Корее, Вы, наверняка имели опыт в применении обеих фраз '친구 때문에' и '친구 덕분에'.

명사(Существительное)+때문에[темуне] / 동사(глагол)+기 때문에[ги темуне]

Присоединяется к предыдущей фразе и выражает причину последующей. Используется когда выражается причина более определенная по сравнению с '-어서'(осо), '-니까'(никка). Также возможно соединение суффиксальных окончаний прошедшего времени с глаголом предыдущей фразы.

Пример

감기 때문에 학교에 못 갔어요.
[камги темуне хакёе мо касоё.]
Из-за простуды не пошел в школу.

비 때문에 여행을 취소했어요.
[пи темуне ёхеныль чисохесоё.]
Из-за дождя отменили путешествие.

내일은 회의가 있기 때문에 일찍 와야 해요.
[неирын хеига икки темуне ильчик вая хеё.]
Поскольку завтра есть собрание, надо прийти пораньше.

시간이 없었기 때문에 쇼핑을 못 했어요.
[щигани опсокки темуне шопиныль мотесоё.]
Из-за отсутствия времени, не походили по магазинам.

⚬⚬ Пример.

А: 여행은 잘 다녀 오셨어요? [ёхенын чаль танё ощёссоё?]
Путешествие прошло хорошо?

Б: 아니요, 못 갔어요. [аниё моккасоё.]
Я не смог поехать в путешествие.

А: 왜요? 주말에 제주도에 간다고 했잖아요?
[веё? чумаре чеджудое кандаго хечанаё?]
Почему? Вы же сказали, что на выходные поедите на
Чеджудо.

Б: 감기 때문에 못 갔어요. [камги темуне моккасоё.]
Из-за простуды не смог поехать.

А: 그래요? 지금은 괜찮아요? [кыреё? чигымын кенчанаё?]
Да? Сейчас себя нормально чувствуете?

Б: 네, 하지만 모처럼 세운 여행 계획이었는데, 정말 아쉬워요.
[нэ, хаджиман мочором сеун ёхен кехегионынде,
чонмаль ащивоё.]
Да, но действительно жаль, поскольку это путешествие
было запланировано впервые за долгое время.

Словарь

여행 [ёхен] путешествие
감기 [камги] простуда, грипп

2 | Кажется я простыл.
감기에 걸린 것 같아요.

Подхватить простуду — это самая неприятная вещь, пока Вы находитесь заграницей. Следующий диалог - диалог в больнице между доктором и пациентом. Когда Вы подозреваете, что простудились, используйте фразу "감기에 걸린 것 같아요." [камгие коллин гот каттаё.] Для описания симптомов Вы можете использовать следующие выражения: "열이 나요." [ёри наё.], "콧물이 나요." [конмури наё.], "기침이 나요." [кичим наё.], или "목이 아파요." [моги апаё.]

동사(Глагол)+(으)ㄴ/는/(으)ㄹ 것 같다[(ы)н/нын /(ы)ль гот ката]

Используется, когда говорящий делает предположение о каком-то факте или состоянии, или когда говорящий не уверен в оценке ситуации или положения. При использовании глагола действия прошедшего времени прибавляется '-(으)ㄴ 것 같다'[(ы)н гот ката], настоящего времени - '-는 것 같다'[-нын гот ката] и будущего- '-(으)ㄹ 것 같다'[(ы)ль гот ката]

Пример

어젯밤에 비가 온 것 같아요.
[оджепаме пига он гот катаё.]
Вчера ночью, вроде, бы был дождь.

저 선수가 가장 축구를 잘 하는 것 같아요.
[чо сонсуга каджан чуккурыль чаль ханын гот катаё.]
Тот спортсмен, вроде, играет лучше всех в футбол.

이 영화가 재미있을 것 같아요.
[и ёнхвага чемиисыль гот катаё.]
Кажется этот фильм будет интересным.

MEMO

❧ Пример.

А: 어디가 아프세요? [одига апысеё?]
Что у Вас болит?

Б: 감기에 걸린 것 같아요. 열이 나고 콧물도 나요.
[камгие коллин гот катаё. Ёри наго коммульдо наё.]
Кажется я простыл. Температура поднялась и насморк.

А: 언제부터 그랬어요? [онджепуто кыресоё?]
С каких пор это у Вас?

Б: 어제 저녁부터 열이 나기 시작했어요.
[одже чонёгпуто ёри наги щиджакесоё.]
Температура со вчерашнего вечера.

А: 기침은 안 해요? [кичимын анхеё?]
Кашля нет?

Б: 기침도 조금 해요. 목도 아프고요.
[кичимдо чогым хеё. мокдо апыгоё.]
Кашель тоже немного есть. И горло болит.

Словарь

열 [ёль] температура
콧물 [коммуль] насморк
기침 [кичим] кашель
목 [мок] горло
아프다 [апыда] болеть

3 | У меня болит голова.
머리가 아파요.

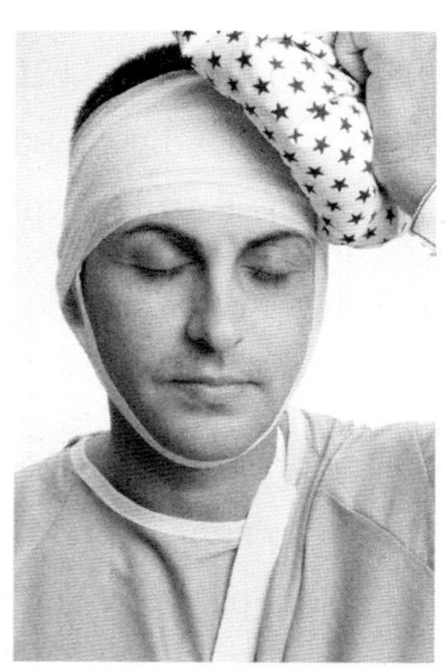

Забота о здоровье — это одна из самых главных вещей во время путешествия или пребывания заграницей. Всегда приходится нелегко, когда простываешь, особенно если находишься в новой незнакомой стране. Посещение больницы является самым важным. Такие выражения, как "머리가 아파요. 배가 아파요. 다리가 아파요." [морига апаё, пега апаё, тарига апаё.], которые Вы можете использовать, чтобы объяснить что у Вас болит. Фраза '아파요' переводится как (болит), и может быть использована по отношению почти ко всем частям тела. Выражение "머리가 아파요."может быть также использовано для выражения головной боли, вызванной стрессом.

Грамматика 동사(Глагол)+(으)면

Соединительное окончание, использующееся когда в предыдущей фразе высказывается предположение или условие. Выражается условие и предположение о будущих событиях или о настоящем положении. Имеет значение «если».

Пример

급한 일이 있으면 이 번호로 연락하세요.
[кыпхан ири исымен и понхоро ёллагхасеё.]
Если возникнет срочное дело, позвоните по этому номеру.

똑바로 가면 왼쪽에 은행이 있을 거예요.
[токпаро камён венчоге ынхени исыль коеё.]
Если пойдете прямо, то слева будет банк.

일이 끝났으면 빨리 오세요.
[ири кытнасымён палли осеё.]
Если работа закончена, приезжайте побыстрее.

MEMO

❧ Пример.

А: 왜 그러세요? 어디 아프세요? [ве кыросеё? оди апысеё?]
Что с Вами? У Вас что-то болит?

Б: 네, 기침이 나고 머리가 좀 아파요.
[нэ, кичими наго морига чом апаё.]
Да, у меня кашель и болит голова.

А: 병원에 가 보셨어요? [пёнвоне ка пощёссоё?]
В больницу ходили?

Б: 아니요, 조금 있으면 괜찮을 거예요.
[аниё, чогым иссымён кенчаныль коеё.]
Нет, если немного продержаться, наверно скоро все
пройдет

А: 감기에 걸렸을 때는 빨리 약을 먹는 게 좋아요.
[камгига коллёсыль тэнын палли ягыль могнын ге чоаё.]
При простуде надо сразу начать принимать лекарства.

Б: 그럼 퇴근 후에 병원에 가 봐야겠네요.
[кыром тегын хуе пёнвоне ка паягенеё.]
Тогда после работы надо сходить в больницу.

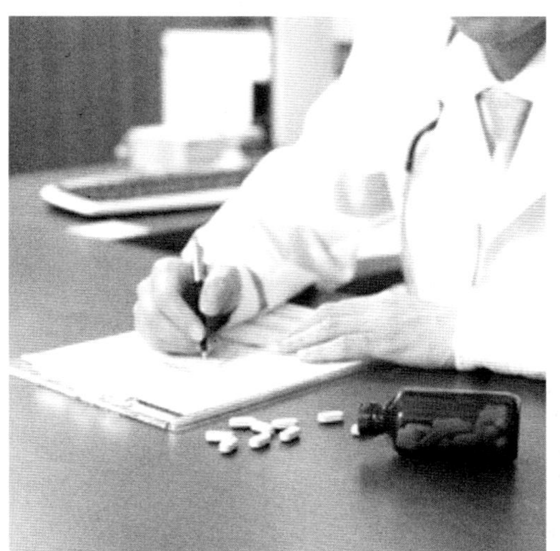

Словарь

아프다 [апыда] болеть

머리가 아프다 [морига апыда] болит голова

병원 [пёнвон] больница

약 [як] лекарство

퇴근 [тегын] уход с работы

9

Другое.

기타

1 Извините.
실례합니다.

2 один, два, три, четыре, пять, шесть, семь,
восемь, девять, десять
일, 이, 삼, 사, 오, 육, 칠, 팔, 구, 십

3 Какой сегодня день недели?
오늘이 무슨 요일이에요?

4 Сейчас 12:30.
열두 시 삼십 분입니다.

5 Сегодня прекрасная погода!
오늘 날씨 참 좋네요!

1 | Извините.
실례합니다.

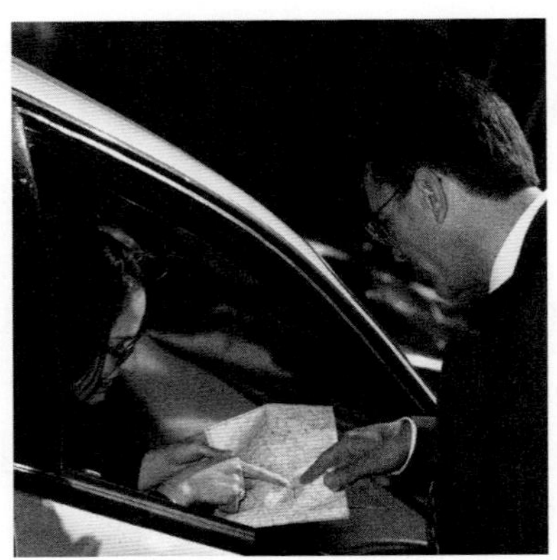

Некоторые говорят, что корейцы неохотно извиняются. Хотя, они часто используют выражение "실레합니다." [щиллехамнида.] Например, они использовали бы его во время первого посещения, чего-либо, когда открывают дверь и входят в комнату. Корейцы так же использовали бы "실레합니다.", проходя мимо людей в переполненных местах, таких как метро или узкие тротуары. Это выражение также используется, чтобы о чем-нибудь попросить "실례지만, ○○씨 좀 부탁합니다." [щиллехачжиман, оо-щи чом путакхамнида.], или для того, чтобы попросить кого-нибудь сфотографировать "실례지만, 사진 한 장만 찍어 주시겠어요?" [щиллехачжиман, сачжин хан чжанман тчиго чущигессоё?]

Грамматика

동사(Глагол)+(으)ㄹ 수 있다/없다
[(ы)ль су ита/опта]

Используется при выражении возможности подлежащего или возможности возникновения того или иного факта, события. (으)ㄹ 수 없다 [(ы)ль су опта] также выражает запрет. К (으)ㄹ 수 [(ы)ль су] также иногда присоединяется окончание именительного падежа '-가' [га]

Пример

한국말을 할 수 있어요?
[хангукмарыль халь су исоё?]
Вы можете говорить по-корейски?

이 카드로는 국제전화를 할 수 없어요.
[и кадыронын кукчечонарыль халь су опсоё.]
По этой карточке нельзя звонить зарубеж.

지금 만날 수 있을까요?
[чигым манналь су исылькаё?]
Можно встретиться сейчас?

실내에서는 담배를 피울 수 없습니다.
[сильнеесонын тамберыль пиуль су опсымнида.]
В помещении курить нельзя.

MEMO

❧ Пример.

А: 실례합니다. 여기가 한국 여행사 맞지요?
[щиллехамнида. ёгига хангук ёхенса маччиё?]
Извините, это корейское турагенство?

Б: 네, 무엇을 도와드릴까요? [нэ, муосыль товатырильккаё?]
Да, как я могу помочь Вам?

А: 죄송하지만, 지난 번에 예약한 내용을 변경할 수 있을까요?
[щилледжиман, чинан боне еякхан неёныль пёнгёнхаль
су иссылькаё?]
Извините, можно ли изменить броню, сделанную в
прошлый раз?

Б: 그럼요, 여기 앉으세요. 성함이 어떻게 되세요?
[кыромнё, ёги анджисеё. сонхами оттоке тесеё?]
Конечно же, проходите сюда. Как Ваше имя?

А: 이바노브 빅토르라고 합니다.
[Иванов Викторыраго хамнида.]
Меня зовут Иванов Виктор.

Словарь

여행사 [ёхенса] туристическое агенство
변경 [пёнгён] перемена, изменение

2 один, два, три, четыре, пять, шесть, семь, восемь, девять, десять

일, 이, 삼, 사, 오, 육, 칠, 팔, 구, 십

Cуществует два вида числительных в корейском языке : система корейских числительных и система, основанная на китайских числительных. Обычно телефонные номера и денежные единицы обозначаются китайскими числительными. Поэтому важно выучить их, прежде чем Вы перейдете к корейским.

한자어 수사 1(Китайские числительные)

В корейском языке есть два способа счёта. Первый – исконно-корейскими числительными (하나, 둘, 셋, 넷, 다섯, 여섯, 일곱, 여덟, 아홉, 열···) [хана, туль, сет, нет, тасот, ёсот, ильгоп, ёдоль, аоп, ёль···], второй – китайскими числительными (일, 이, 삼, 사, 오, 육, 칠, 팔, 구, 십···) [иль, и, сам, са, о, юк, чиль, паль, ку, щип···]. Китайские числительные в единицах времени и в дате используются перед словами «год, месяц, день, минута», в денежных единицах – перед словом «вон».

Пример

₩500 오백 원 о бек вон **500 вон**

10월 9일 시월 구일 щи воль ку иль **9 октября**

$36 삽십육 달러 сам щип юк талло **36 долларов**

2:45 두 시 사십오 분 ту щи са щип пун
2 часа 45 минут

R/N(Room No.) 217 이백십칠 호
R/N Room No. 217 и бек щип чиль хо **комната № 217**

MEMO

Пример.

А: 빅토르 씨, 한국어로 숫자를 읽을 수 있어요?

[викторыщи, хангугоро сучарыль ильгыль су иссоё?]

Виктор, Вы знаете корейский счёт?

Б: 예, 조금 읽을 수 있어요. [е, чогым ильгыль су иссоё.]

Да, немного знаю.

А: 10까지 해 보세요. [щипкаджи хе посеё.]

Попробуйте посчитать до десяти.

Б: '이, 일, 사, 삼, 오, 육, 칠, 팔, 구, 십'이에요.

[и, иль, са, сам, о, юк, чиль, паль, ку, щибиеё.]

Два, один, четыре, три, пять, шесть, семь, восемь,
девять, десять.

А: '이, 일, 사, 삼'이 아니고 '일, 이, 삼, 사'예요.

[и, иль, са, сами аниго иль, и, сам, саеё.]

Не два, один, четыре, три, а один, два, три, четыре.

Б: '일'과 '이', '삼'과 '사'가 항상 어려워요.

[ильгва и, самгва сага хансан орёвоё.]

Для меня всегда сложно «один», «два» и «три», «четыре».

Словарь

숫자 [сучча] цифра

조금 [чогым] немного

어렵다 [орёпта] сложный

3 | Какой сегодня день недели?
오늘이 무슨 요일이에요?

Иногда люди забывают, какой сегодня день недели или число. Когда Вы спрашиваете, какой сегодня день недели, используйте выражение '무슨 요일이에요?'[мусын ёириеё?], а когда дату или число, то '몇 월 며칠이에요?'[мёт воль мёчириеё?]. Выражения '무슨 요일이지요?', '몇 월 며칠이지요?' являются более вежливой формой вопроса.

 날짜(Дата)

«Год», «месяц», «число» являются единицами. При этом используются только китайские числительные.

Пример

오늘은 1월 25일입니다.
[онырын ироль ищип о иримнида.]
Сегодня 25 января

제 생일은 5월 31일이에요.
[че сенирын о воль сам щип ириеё.]
Мой день рождения 31 мая.

추석은 8월 15일입니다.
[чусогын пароль щип о иримнида.]
Чусок 15 августа.

MEMO

Пример.

A: 오늘이 무슨 요일이에요? [оныри мусын ёириеё?]
Какой сегодня день недели?

Б: 화요일인데요. [хваёириндеё.]
Сегодня вторник.

A: 몇 월 며칠이지요? [мёт воль мёчириджиё?]
А дата?

Б: 7월 20일이에요. [чироль ищибириеё.]
20 июля.

A: 드디어 여름 휴가가 며칠 남지 않았네요.
[тыдио ёрым хюгага мёчиль намчи ананеё.]
Наконец-то осталось несколько дней до летнего
отпуска.

Б: 휴가 계획을 세우셨어요? [хюгакехегыль сеущёссоё?]
Планы на лето построили?

Словарь

여름 [ёрым] лето
휴가 [хюга] отпуск

4 | Сейчас 12:30.
열두 시 삼십 분입니다.

Выражение "지금 몇 시쯤 됐어요?" [чжигым мёт щитчым тэссоё?] используется, чтобы узнать который час. В корейском языке два способа использования числительных: корейский и китайский. Говоря 1 час[ханщи], 2 часа[тущи], 3 часа[сещи], 4 часа[нещи], 5 часов[тасот щи], 6 часов[ёсот щи], 7 часов[ильгоп щи], 8 часов[ёдоль щи], 9 часов[аоп щи], 10 часов[ёль щи], 11 часов[ёран щи], 12 часов[ёльту щи] — часы[щи] выражаются корейскими числительными. Минуты и секунды исчисляются китайскими числительными. Вы также можете сказать 30 минут как (полчаса).

동사(Глагол)+(으)ㄹ 명사(существительное)

Присоединяясь к основе глагола, определяет существительное, стоящее после (으)ㄹ [(ы)ль]. Выражает будущее время через события, которые еще не совершились.

Пример

생일 잔치에 초대할 사람은 모두 10명입니다.

[сениль чанчие чодехаль сарамын моду ёльмёнимнида.]

На день рождения приглашены 10 человек.

다음 주에는 만날 사람이 아주 많아요.

[таым чуенын манналь сарами аджу манаё.]

Много людей, с которыми нужно встретиться на следующей неделе.

여행을 함께 가실 분은 저에게 말씀해 주세요.

[ёхеныль хамке касиль бунын чоеге мальсыме чусеё.]

Кто сможет поехать со мной в путешествие, скажите мне.

MEMO

✣ Пример.

А: 지금 몇 시쯤 됐어요? [чигым мёщичым тэссоё?]
Сколько сейчас времени?

Б: 열두 시 삼십 분입니다. [ёльту щи самщип пунимнида.]
12:30.

А: 벌써 점심 먹을 시간이 되었군요.
[польсо чомщим могыль щигани тэокуннё.]
Уже время обеда.

Б: 점심 먹으러 나갈까요? [чомщим могыро нагальккаё?]
Пойдем обедать?

А: 그래요. 오늘은 뭘 먹을까요?
[кыреё. онырын моль могыльккаё?]
Конечно. Что сегодня будем есть на обед?

Б: 이 근처에 새로 생긴 한식집이 있어요.
[и кынчое серо сенгин ханщигчиби иссоё.]
Здесь рядом недавно открылась новая столовая
корейской кухни.

А: 거기에 한번 가 봅시다. [когие ханбон ка попщида.]
Давайте сходим туда.

Словарь

시간 [щиган] время

근처 [кынчо] рядом, в окрестности

한식집 [ханщигчип] корейская столовая

5 | Сегодня прекрасная погода!
오늘 날씨 참 좋네요!

Хорошая погода обычно приносит всем радостное настроение. Корейцы не упоминают погоду, приветствуя кого-либо. Хотя они используют такие выражения, как "오늘 날씨 좋다." [оныль нальщи чотта.], или менее формальное "오늘 날씨 참 좋네요." [оныль нальщи чам чоннэё.] для начала разговора. Попробуйте использовать их в хорошую погоду.

 동사(Глагол)+고[го]

Окончание, соединяющее равные по значению фразы. Может присоединяться как к глаголам, прилагательным, так и к глаголу '–이다'. Обозначает, события (состояния), перечисляемые, происходящие по порядку или происходящие одновременно. Если время, выраженное в предыдущей и последующей фразе одинаковое, окончание выражающее время, как правило, используется в последующей фразе.

Пример

제 동생은 키가 크고 아주 잘 생겼어요.
[че тонсенын кига кыго аджу чаль сенгёсоё.]
Мой братишка высок и симпатичен.

이 식당은 음식이 싸고 맛있습니다.
[и сиктанын ымсиги саго мащисымнида.]
В этой столовой дешево и вкусно.

빌리 씨는 미국 사람이고 빅토르 씨는 러시아 사람입니다.
[билли щинын мигук сарамиго виктор щинын рощиа сарамимнида.]
Вилли – американец, а Виктор – русский.

МЕМО

❧ Пример.

А: 오늘 날씨 참 좋네요! [оныль нальщи чам чонеё!]
Сегодня прекрасная погода!

Б: 네, 한국의 가을 날씨는 참 좋아요.
[нэ, хангуге каыль нальщинын чам чоаё.]
Да, в Корее осенняя погода хороша.

А: 높고 푸른 하늘이 아주 마음에 들어요.
[нопко пурын ханыри аджу маыме тыроё.]
Мне очень нравится ясное (безоблачное) голубое небо.

Б: 이럴 때는 여행을 가세요. [ироль тенын ёхеныль касеё.]
В такое время поезжайте в путешествие.

А: 어디가 좋아요? [одига чоаё?]
Куда было бы хорошо съездить?

Б: 가을에는 설악산이 아주 좋아요.
[каыренын сораксани аджу чоаё.]
Осенью очень хорошо в горах Сораксан.

Словарь

가을 [каыль] осень

푸른 [пурын] голубой

하늘 [ханыль] небо

Список слов для изучающих корейский язык

(Материалы Национальной академии корейского языка,

2003 год)

가게	магазин	거	этот
가깝다	близкий	거	нечто, вещь
가끔	иногда	거기	там
가다	идти	거리	расстояние
가다	ехать	거울	зеркало
가르치다	учить, обучать	걱정	переживание, волнение
가방	сумка		
가볍다	лёгкий	걱정하다	переживать, волноваться
가수	певец		
가슴	грудь, сердце	건강	здоровье
가운데	среди	건강하다	быть здоровым
가을	осень	건물	здание
가장	самый	걷다	идти пешком, шагать
가져오다	приносить (с собой)	걸다	занимать (по времени)
가족	семья		
가지다	держать	걸어가다	идти пешком
가지다	иметь, владеть	걸어오다	прийти пешком
간호사	санитар, -ка	검은색	черный цвет
갈비	ребро	것	вещь, то, нечто
감기	простуда	게임	игра
감사	благодарность	겨울	зима
감사하다	благодарить	결혼	брак, замужество
감사하다	благодарствовать	결혼식	свадьба, обряд бракосочетания
갑자기	внезапно, вдруг		
값	цена, ценность	결혼하다	вступать в брак
강	река	경복궁	королевский дворец «Кёнбоккун»
같다	похожий, одинаковый		
같이	так же, одинаково	경주	город Кенджу
개	собака	경찰	полиция
개	штука (при счете)	경찰관	полицейский
개월	месяц	경찰서	полицейское

	управление
경치	вид, пейзаж
계란	яйцо
계속	продолжение
계시다	есть (уважительная форма)
계시다	быть, иметься (уваж. форма)
계절	сезон, время года
계획	план, проект
고기	мясо
고등학교	высшая школа
고등학생	ученик высшей школы
고맙다	благодарить
고양이	кошка, кот
고프다	проголодаться, хотеть чего-либо
고향	родина
곧	скоро, сразу, тут же
곳	место
공	мяч
공부	учеба
공부하다	учиться
공원	парк, сквер
공중전화	телефон-автомат
공책	тетрадь
공항	аэропорт
공휴일	всенародный выходной день
과	отделение, класс
과일	фрукты
과자	кондитерское изделие, сладости
괜찮다	нормально, благополучно, ничего
교과서	учебник
교수	профессор
교실	класс, аудитория
교통	транспорт
교회	церковь
구(9)	девять
구경	осмотр, ознакомление
구두	туфли
구름	туча, облако
구십	девяносто
구월	сентябрь
군인	военный
권	книга, том
귀	ухо
그, 그것(사물)	тот
그(남)	он
그녀(여)	она
그거	то
그것	то
그곳	то место
그날	в тот день
그동안	в течении того времени
그때	тогда, в то время
그래	утвердительный ответ, это так

그래	используется при переспрашивании, действительно ли это так
그래서	поэтому
그래서	таким образом
그러나	но, однако
그러니까	поэтому, по этой причине
그러면	если так, в таком случае
그런데	но, однако
그럼	тогда
그럼	в таком случае
그렇다	это так
그렇지만	это так, но
그릇	чашка, посуда
그리고	и, затем
그리다	рисовать
그림	рисунок
그분	тот человек (ув. Ф)
그쪽	та сторона
극장	театр
근처	рядом, окрестность
금요일	пятница
급	уровень, степень
기다리다	ждать
기분	настроение
기숙사	общежитие
기차	поезд
길	дорога
길다	длинный, далекий
김밥	голубцы в листьях порфиры, начиненные рисом с приправами
김치	кимчхи (корейская пища)
깎다	стричь, строгать
깨끗하다	чистый
꼭	обязательно, точно
꽃	цветок
꿈	мечта, сон
끄다	гасить, тушить, выключить
끝	конец
끝나다	кончиться
끝내다	кончать, завершать
나	я
나가다(동사)	выходить
나가다(보조사)	выйти, пойти
나다	появляться, возникать
나라	страна
나무	дерево
나쁘다	плохой
나오다	выходить, выступать
나이	возраст
나중	потом, впоследствии
날	день
날다	летать, лететь
날씨	погода
날짜	дата

남녀	мужчины и женщины		в-четвертых
남대문	южные ворота	년	год
남대문시장	рынок «Намдемун»	노란색	желтый цвет
남동생	младший брат	노래	песня
남자	мужчина	노래하다	петь
남쪽	юг, южная сторона	노트	тетрадь
남편	муж	놀다	играть, гулять
남학생	школьник, ученик	놀라다	удивляться
낮	день	높다	высокий
낮다	низкий	놓다(보조사)	(вспомогательный глагол) устанавливать что-либо
내년	следующий год		
내다(보조사)	платить, посылать		
내다(동사)	класть, ложить	놓다(동사)	(глагол) положить на···
내려가다	спускаться, сходить	누구	кто
내려오다	спускаться, сходить	누나	сестра (для мужчины)
내리다	снижаться, спускаться	눈	снег
		눈	глаз
내일	завтра, будущее, будущие дни	눈물	слёзы
		뉴스	новости
냉면	лапша в холодном бульоне	늦다	поздно, поздний опоздать
냉장고	холодильник	다	каждый, все, всё
너	ты	다녀오다	сходить
너무	очень	다니다	ходить, ездить
넓다	широкий	다르다	другой
넣다	класть, вкладывать	다른	другой, отличный
네	Да	다리	мост
네	четыре	다리	нога
넥타이	галстук	다섯	пять
넷	четыре	다섯째	пятый, номер пять
넷째	четвертый (номер)	다시	снова, опять

다음	следующий, затем
닦다	стирать, вытирать
단어	слово
닫다	закрывать
달(moon)	луна
달(1달)	месяц
달다	сладкий
달러	доллар
달력	календарь
닭	курица
닭고기	куринное мясо
담배	сигарета, табак
대답	ответ, отклик
대답하다	отвечать
대사관	посольство
대학	университет, институт
대학교	университет, институт
대학생	студент, -ка
대화	диалог, собеседование, разговор
댁	дом (уважительная форма)
더	еще, более
덥다	жаркий
도서관	библиотека
도시	город
도와주다	помогать, оказывать помощь
도착	прибытие, приезд
도착하다	прибывать

독일	Германия
돈	деньги
돌아가다	возвращаться, приходить обратно
돌아오다	возвращаться, вернуться
돕다	помогать, оказывать поддержку
동물	животное
동생	младший брат, младшая сестра
동안	промежуток времени
동쪽	восточная сторона, восток
돼지	свинья
돼지고기	свинина
되다	становиться, быть, являться
두	два
둘	два, оба, двое
둘째	второй, номер два, во-вторых
뒤	зад, задняя сторона
인사를 드리다	приветсвовать (ув.ф)
도와 드리다	помогать (ув.ф)
듣다	слышать
들다	входить
들다	держать
들어가다	войти
들어오다	входить, войти
등산	восхождение на гору,

	альпинизм	마지막	конец, последний этап
따뜻하다	теплый	마흔	сорок
딸	дочь	만	десять тысяч
딸기	клубника	–만	только
때	время, пора	만나다	встречаться, видеться
때문	по причине, из-за, так как	만들다	делать, изготовлять, создавать, творить
떠나다	отправляться, оставлять, покидать	많다	многочисленный, много
떡	рисовый паровой хлебец	많이	много
		말	слово, речь, язык
또	снова, опять, еще, еще раз	말다	не делать
		말다	останавливаться, заканчивать
똑같다	точно такой же, как...		
똑바로	прямо, напрямик, точно	말씀	слово (в уваж. форме)
		말씀하다	говорить (в уважит. форме)
뛰다	бежать		
뛰다	прыгать	말하다	говорить
뜨겁다	горячий, жаркий	맑다	чистый, ясный, прозрачный
라디오	радио		
라면	рамён, корейская лапша, быстрого приготовления	맛	вкус, настроение, атмосфера
		맛없다	невкусный
러시아	Россия	맛있다	вкусный
마리	единица исчисления для животных	매우	очень
		매일	ежедневно, каждый день
마시다	пить, дышать, вдыхать, нюхать	맥주	пиво
		맵다	горький
마음	душа, сердце, характер, чувство, настроение	머리	голова, волосы
		(잊어)먹다	забыть

(밥을)먹다	есть
먼저	раньше, прежде всего, сначала
멀다	далёкий, отдалённый, давний
메뉴	меню
며칠	несколько дней, какое число
명	человек
몇	сколько несколько
모두	все, всё каждый
모든	все, весь, вся, всё
모르다	не знать, не понимать, не уметь
모자	головной убор, шляпа, шапка, кепка
목	шея, горло
목요일	четверг
목욕	купание, мытьё
몸	тело, туловище
못	не (мочь)
못하다	не уметь, не мочь, быть не в состоянии
무겁다	тяжелый, важный, серьёзный
무슨	какой, что за, который
무엇	что, что-то, что-нибудь
문	дверь, ворота, вход
문제	вопрос, проблема, задача
묻다	спрашивать
물	вода
물건	вещь, предмет
물론	конечно, безусловно
물어보다	спрашивать
뭐?(감탄사)	что?
뭐	сокращенное от 무엇
미국	Америка, США
미안하다	извиняться, чувствовать себя неловко (смущенным)
미터	метр
밑	низ, дно, снизу
바꾸다	менять(ся), изменять
바나나	банан
바다	море
바람	ветер
바람	желание, надежда
바로	прямо, ровно, правильно
바쁘다	очень занятой, очень спешный
바지	брюки, штаны
박물관	музей
밖	вне, кроме, помимо
반	группа
반	половина
반갑다	приятный, радостный
받다	получать
발	ступня, нога
발음	произношение

밝다	светлый, ясный, яркий		обыкновенный
밤	ночь	복잡하다	сложный, запутанный
밥	варёный рис	볼펜	ручка
방	комната	봄	весна
방학	каникулы	부르다	звать, называть
배	лодка, судно, пароход	부모	отец и мать, родители
배	живот	부모님	родители (уваж. форма)
배	груша		
배고프다	проголодаться, быть голодным	부부	муж и жена, супруги
		부산	город Пусан
배부르다	быть сытым	부엌	кухня
배우다	учить, изучать, обучаться	부인	замужняя женщина, супруга
백	сто, белый	북쪽	северная сторона, север
백화점	универсальный магазин		
		분	минута
버리다	бросать, оставлять, избавляться	분	человек, персона
		불	огонь, свет, пламя
버스	автобус	불고기	тонко нарезанная говядина, поджаренная на огне
번	раз		
번호	номер		
벌써	уже	불다	дуть, раздувать
벗다	снимать, сбрасывать	비	дождь
별	звезда	비누	мыло
병	болезнь	비디오	видео
병	бутылка	비빔밥	сваренный на пару рис, приправленный мясом и овощами
병원	больница		
보내다	посылать, отправлять		
보다	видеть	비슷하다	похожий
보다	чем(сравнение)	비싸다	дорогой
보통	обычно,	비행기	самолёт

빠르다	быстрый, скорый	새	новый
빨간색	красный цвет	색	цвет
빨리	быстро	색깔	цвет
빵	хлеб	샌드위치	бутерброд, сэндвич
사	четыре	생각	дума, мысль
사과	яблоко	생각하다	думать
사다	покупать, приобретать	생기다	появляться, возникать
사람	человек	생선	рыба
사랑	любовь	생일	день рождения
사랑하다	любить	생활	жизнь, существование
사무실	офис	샤워	душ
사십	сорок	서다	стоять
사용하다	использовать	서로	между собой
사월	апрель	서른	тридцать
사이	между	서울	Сеул
사장	президент фирмы, директор	서울역	станция Сеул
사전	словарь	서점	книжный магазин
사진	фотография	서쪽	западная сторона, запад
사탕	конфета	선물	подарок
산	гора	선물하다	дарить подарок
산책	прогулка	선생	учитель
살	счетное слово, обозначающее возраст	선생님	господин учитель
		설명	объяснение
		설명하다	объяснять
살다	жить, проживать	설악산	гора Сорак
삼	три	설탕	сахар
삼십	тридцать	세	поколение
삼월	март	세	три
새	птица	세수	умывание

세탁기	стиральная машина	슈퍼마켓	супермаркет
센티미터	сантиметр	스무	двадцатое число,
셋	три		двадцать дней
셋째	третий, номер три,	스물	двадцать
	в-третьих	스키	лыжи
소개하다	рекомендовать,	스트레스	стресс
	знакомить	스포츠	спорт
소금	соль	슬프다	печальный, грустный
소파	диван, софа	시	час, стихотворение
소풍	прогулка, экскурсия	시간	время, час
속	суть, внутренняя	시계	часы
	часть чего	시원하다	прохладный,
손	рука		освежающий
손가락	палец	시월	октябрь
손님	гость	시작	начало
쇠고기	говядина	시작되다	начинаться
쇼핑	покупки, шопинг	시작하다	начинать
수	число, количество	시장	рынок
수건	платок, полотенце	시험	экзамен
수박	арбуз	식당	столовая
수업	урок, занятие	식사	еда, пища
수영	плавание	식사하다	принимать пищу, есть
수영장	бассейн	식탁	обеденный стол
수요일	среда	신다	обувать, надевать на
숙제	домашнее задание		ноги
숟가락	ложка	신문	газета
술	водка, алкоголь	신발	обувь
술	ложка	실례	бестактность,
쉬다	отдыхать		невежливость
쉰	пятьдесят	실례하다	быть нетактичным
쉽다	легкий	싫다	неприятный, не

	хотеть, не любить
싫어하다	не хотеть, не любить
십	десять
십이월	декабрь
십일월	ноябрь
싶다	хотеть, желать
싸다	дешевый
싸우다	драться, бороться
쓰다	писать, сочинять
쓰다	употреблять, использовать
쓰다	надевать
쓰레기	мусор
씨	господин, госпожа
씻다	мыть, стирать
아	а! междометие
아기	ребенок, малыш
아내	жена
아니	не, нет
아니다	не быть
아니요	нет
아들	сын
아래	низ, нижняя часть
아름답다	прекрасный
아마	вероятно, может быть
아무	некто, некий, какой-либо, любой
아버지	отец
아빠	папа
아이	ребенок, дети
아이스크림	мороженое
아저씨	дядя (обращение)
아주	очень
아주머니	тётя, женщина (обращение)
아줌마	тётя, женщина (обращение)
아직	еще
아침	утро
아파트	многоквартирный дом
아프다	болеть, испытывать боль
아홉	девять, девяносто
안	внутренняя часть
안	не
안경	очки
안녕	привет, спокойствие
안녕하다	спокойный, здоровый
안녕히	спокойно, благополучно
안다	обнимать, прижимать к груди
안되다	нельзя, невозможно
앉다	сидеть
않다	не-
않다	не быть
알다	знать
앞	перед, передняя часть, будущее, перспектива
야구	бейсбол
약	лекарство

약국	аптека	언제	когда, в какое время
약속	обещание, договорённость	언제나	всегда, в любое время
약속하다	обещать, договариваться	얼굴	лицо
양말	носки	얼마	сколько, немного
양복	костюм (европейского стиля)	얼마나	сколько
얘기	рассказ, разговор	엄마	мама
얘기하다	говорить, рассказывать	없다	нет, не иметься
어	да, соглашение с собеседником	에어컨	кондиционер
어깨	плечо	여권	паспорт
어느	который, какой	여기	здесь
어디	где, куда	여덟	восемь
어떠하다	какой, какой-то	여동생	сестренка, младшая сестра
어떤	какой, какой бы то ни был	여든	восемьдесят
어떻다	какой, какой-то	여러	много, несколько
어렵다	трудный, затруднительный. сложный	여러분	господа (обращение)
어른	взрослый	여름	лето
어린이	ребенок, детский	여보세요	послушайте, алло!
어머니	мать	여섯	шесть
어서	скорее, живее, пожалуйста	여자	женщина
어제	вчера, вчерашний день	여학생	студентка, школьница
언니	старшая сестра	여행	путешествие
		여행하다	путешествовать
		역	станция
		역사	история
		연습	упражнение
		연습하다	упражняться
		연필	карандаш
		열	десять
		열다	открывать

열쇠	ключ	옷	одежда
열심히	усердно	왜	почему
영국	Англия	왜냐하면	потому что
영어	английский язык	외국	заграница, зарубеж
영화	кинофильм	외국어	иностранный язык
옆	бок, боковая сторона	외국인	иностранец
예	пример	왼쪽	левая сторона, слева
예쁘다	красивый	요리	блюдо
예순	шестьдесят	요리하다	готовить пищу
옛날	древние времена, старина	요일	день недели
		요즈음	недавно, на днях
오	пять	요즘	на днях, в последнее время
오늘	сегодня, сегодняшний день		
		우리	мы, наш
오다	прийти	우리나라	наша страна
오다	приходить	우산	зонт
오래	долго	우유	молоко
오래간만	в течении долгого времени	우체국	почта
		운동	движение, спорт, физическая зарядка
오랜만	долгое время		
오렌지	апельсин	운동장	стадион
오르다	подниматься	운동하다	заниматься спортом
오른쪽	правая сторона	운동화	кроссовки
오빠	старший брат	운전	вождение, управление
오십	пятьдесят		
오월	май	운전하다	водить, управлять
오전	до обеда, утро	울다	плакать
오후	после обеда	웃다	смеяться
올라가다	подниматься, взбираться	원	вона (корейская денежная единица)
올해	этот год	월	месяц

월요일	понедельник	이제	сейчас
위	верх, верхняя часть	이쪽	эта сторона
위험	опасность	이해하다	понимать, уяснять
위험하다	опасный, рискованный	인사	приветствие
		인사	знакомство
유명하다	знаменитый, известный	인사하다	приветствовать
		인천	город Инчон
유월	июнь	일	работа
육	шесть	일	один
육십	шестьдесят	일	дата
은행	банк	일곱	семь
음식	еда, пища	일본	Япония
음악	музыка	일본어	японский язык
의사	врач, доктор	일어나다	появляться, возникать, вставать
의자	стул		
이	два	일요일	воскресенье
이거	эта вещь	일월	январь
이것	это	일주일	одна неделя
이곳	это место	일찍	рано
이때	в это время	일하다	работать
이런	такой	일흔	семьдесят
이렇다	такой	읽다	читать
이름	имя	잃다	терять, лишиться
이번	этот раз	잃어버리다	лотерять, лишиться
이분	этот человек (уваж. Форма)	입	рот
		입다	одевать
이십	двадцать	있다	есть, иметься
이야기	рассказ	있다	быть
이야기하다	рассказывать	잊다	забывать, отбросить
이월	февраль	잊어버리다	забыть
이제	теперь	잎	лист

자다	спать, ночевать
자동차	автомобиль
자리	место
자장면	название блюда
자전거	велосипед
자주	часто
작년	прошлый год
작다	маленький
잔	рюмка, стакан
잘	хорошо
잘하다	делать хорошо
잠	сон
잠깐	некоторое (короткое) время
잠깐	минутку!
잠시	недолго, короткое время
잠자다	спать
잡다	держать в руках, брать в руки
잡수시다	есть, пить (уваж.форма)
잡지	журнал
장	лист
장미	роза
장소	место
재미	интерес
재미없다	неинтересный
재미있다	интересный
저	тот
저	та, то
저거	та вещь
저것	то, вон то
저곳	то место
저기	там
저녁	вечер
저쪽	та сторона, там
적다	маленький
적다	немногочисленный
전	ранее, до
전화	телефон
전화번호	номер телефона
전화하다	звонить
점심	обед
점심시간	обеденное время
젓가락	палочки для еды
정류장	остановка, станция
정말	честное слово
제일	самый, первый
제주도	остров Чеджудо
조금	немного, мало
조용하다	тихий
졸업	окончание
졸업하다	оканчивать
좀	немного, мало
종이	бумага
좋다	хороший
좋아하다	любить, хотеть, нравиться
죄송하다	извиняться, принести извинения
주	неделя

주	провинция	질문하다	задавать вопрос
주다	давать	집	дом
주다	сделать для кого-л.	짜다	выжимать, выдавливать
주말	выходные, уикэнд		
주소	адрес	짧다	короткий
주스	сок	쪽	сторона, направление
주인	хозяин	찌개	густой суп
죽다	умереть	찍다	фотографировать, ставить штамп
준비	приготовление		
준비하다	готовить, приготовлять	차	чай
		차	машина
중국	Китай	참	правда, действительно
중국어	китайский язык		
중요하다	важный	창문	окно
중학교	средняя школа	찾다	искать
중학생	ученик средних классов	책	книга
		책상	стол
즐겁다	радостный, приятный	처음	начало
지갑	кошелек	천	тысяча, небо
지금	сейчас, в данный момент	천천히	медленно
		첫째	первый, номер один
지난달	прошлый месяц	청바지	джинсы
지난주	прошлая неделя	청소	уборка
지내다	проводить время	청소하다	убираться
지도	карта	초대	приглашение
지우개	ластик	초대하다	приглашать
지우다	стирать	초등학교	начальная школа
지하	подземелье	초콜릿	шоколад
지하철	метро	추다	танцевать
질문	вопрос	축구	футбол
		축하하다	поздравлять

출발하다	отправляться, выезжать
춤	танец
춤추다	танцевать
춥다	холодный
취미	хобби, вкус, склонность
층	этаж
치다	бить, хлопать
치마	юбка
치약	зубная паста
친구	друг
친절하다	сердечный, любезный, доброжелательный, гостеприимный
칠	семь
칠십	семьдесят
칠월	июль
칠판	классная доска
침대	кровать
칫솔	зубная щетка
카드	карточка
카메라	камера, фотоаппарат
칼	нож
캐나다	Канада
커피	кофе
컴퓨터	компьютер
컵	стакан
켜다	включать
코	нос
콜라	кока-кола
크다	большой
크다	огромный
크리스마스	Рождество
키	рост
타다	гореть, садиться в транспорт
태권도	таэквондо
태어나다	рождаться, появляться на свет
택시	такси
테니스	теннис
테이블	стол
텔레비전	телевидение, телевизор
토요일	суббота
티브이	телевизор
팀	команда
파란색	голубой цвет
파티	вечеринка
팔	рука
팔	восемь
팔다	продавать
팔십	восемьдесят
팔월	август
퍼센트	процент
편지	письмо
포도	виноград
표	билет
프랑스	Франция
피곤하다	устать, утомиться

피아노	пианино		постоянно
피우다	курить	해	море
피자	пицца	해	солнце
필요	необходимость	핸드폰	сотовый телефон
필요하다	необходимый	햄버거	гамбургер
하나	один	허리	поясница
하나	единственный	형	старший брат
하늘	небо	호	номер
하다	делать, изготовлять	호주	Австралия
하지만	но, однако	호텔	отель, гостиница
학교	школа	혼자	один, сам
학년	учебный год, курс	화	гнев, раздражение
학생	школьник, студент	화요일	вторник
한	примерно, около	화장실	туалет
한강	река Ханган	환자	больной
한국	Корея	회사	фирма
한국말	корейский язык	회의	конференция,
한국어	корейский язык		собрание
한글	корейская	후	после, через
	письменность	휴일	выходной день,
한번	один раз		праздник
한복	корейский	휴지	салфетка
	национальный костюм	휴지통	мусорный бак,
한자	китайский иероглиф		мусорное ведро
할머니	бабушка	흰색	белый
할아버지	дед, дедушка	힘	сила
함께	вместе	힘들다	трудный
항상	всегда, обычно,		

Автор

Jung-sup, Kim Ph.D.
Университет КёнгХи, Директор Института
Международного Обучения,
김중섭
경희대학교 국제교육원 원장

Hyun-yong, Cho Ph.D.
Университет КёнгХи, Заведующий Отделом
Образования
조현용
경희대학교 국제교육원 교학부장

Jung-hee, Lee Ph.D.
Университет КёнгХи, Заведующая Отделом
Обучения Корейскому языку.
이정희
경희대학교 국제교육원 한국어교육부장

러시아인을 위한 **초급 한국어 회화**
РАЗГОВОРНЫЙ КУРС КОРЕЙСКОГО ЯЗЫКА
ДЛЯ НАЧИНАЮЩИХ

초판발행	2008년 7월 10일
초판 5쇄	2024년 7월 31일
저자	김중섭, 조현용, 이정희
편집	권이준, 김아영
펴낸이	엄태상
콘텐츠 제작	김선웅, 장형진
마케팅본부	이승욱, 왕성석, 노원준, 조성민, 이선민
경영기획	조성근, 최성훈, 김다미, 최수진, 오희연
물류	정종진, 윤덕현, 신승진, 구윤주
펴낸곳	한글파크
주소	서울시 종로구 자하문로 300 시사빌딩
주문 및 교재 문의	1588-1582
팩스	0502-989-9592
홈페이지	http://www.sisabooks.com
이메일	book_korean@sisadream.com
등록일자	2000년 8월 17일
등록번호	제300-2014-90호

ISBN 978-89-5518-655-0 93710